Agora eu era

Cláudia Laitano

Agora eu era

EDITORA RECORD
RIO DE JANEIRO • SÃO PAULO

2008

```
CIP-BRASIL. CATALOGAÇÃO-NA-FONTE
SINDICATO NACIONAL DOS EDITORES DE LIVROS, RJ


      Laitano, Claudia, 1966-
L19a   Agora eu era / Cláudia Laitano. - Rio de Janeiro: Record, 2008.

       ISBN 978-85-01-08244-2

       1. Crônica brasileira. I. Título.

08-0963                              CDD: 869.98
                                     CDU: 821.134.3(81)-8
```

Copyright © Cláudia Laitano, 2008

Capa e miolo
Miriam Lerner

Todos os direitos reservados. Proibida a reprodução, armazenamento ou transmissão de partes deste livro, através de quaisquer meios, sem prévia autorização por escrito.

Direitos desta edição adquiridos pela
EDITORA RECORD LTDA.
Rua Argentina 171 – 20921-380 – Rio de Janeiro, RJ – Tel.: 2585-2000

Impresso no Brasil

ISBN 978-85-01-08244-2

PEDIDOS PELO REEMBOLSO POSTAL
Caixa Postal 23.052 – Rio de Janeiro, RJ – 20922-970

EDITORA AFILIADA

Sumário

Agora eu era 9

O amigo de infância 11

Deixe-me se for capaz 14

Pior cego é o que quer ver 17

Vida, modo de usar 20

Fazes-me falta 23

Vá e veja 26

Gostosa! 29

Adeus ao Pai 32

Meu mundo caiu 35

Kidults 38

Filme de época 41

Mal-estar na civilização 44

Platôs 47

Farrapos de fantasia 49

Máximas de verão 52

A cidade e os dinossauros 54

Pensa! 56

A roda 59

Rewind 62

Wo-o-o Feelings 65

Efeito susto 68

Os cauboizinhos 71

Intuição 74

A partícula enta (1) 77

A partícula enta (2) 80

Angústia do status 83

Mulheres com H 86

Memórias roubadas 89

Paratodos 92

As mães e as cachorras 95

O sentido da vida 97

Chic, chique, xique 100

O vingador mascarado 104

Slow motion 107

O espírito da época 110

Longes e aqui 113

Vaidade 116

Eu e o Valdomiro 119

Havaiana de Woodstock 121

A finlandesa 124

Passado em movimento 127

Sobre nossas cabeças 130

Tio Celerino 132

Nós sempre teremos Paris 135

Paixões 138

Um novo conceito em 141

Tarjas 144

A estupidez humana 147

O trauma da gata 150

Perdidos 153

Sobre sutiãs e calcinhas 156

Apenas humana 159

Centro Histórico 162

Leitores (e eleitores) 164

Perfectibilidade 167

Fera ferida 171

Temporão 174

Autoridades Polonesas 177

Houve uma vez um verão 180

O acaso e o sonho 183

Meninas 186

Agora eu era

Era uma vez, numa entrevista, o Chico contando como compôs a letra da canção "João e Maria". Chico diz que capturou o presente-pretérito-fantástico que abre a canção observando o modo como as crianças costumam propor o enredo de uma nova brincadeira: "Agora eu era o Bin Laden e tu era o Bush, mas a gente tinha ficado amigo e morava no Rio...".

Congelada e suspensa na entrevista, a expressão me causou uma pequena epifania heraclitiana. Heráclito é aquele grego que dizia que a gente nunca se banha duas vezes no mesmo rio, porque mudamos nós e mudam as águas também. Uma expressão absurda na fala cotidiana, ainda que perfeitamente lógica no discurso da fantasia infantil, "agora eu era" condensa um sentido de transitoriedade que lembra um pouco a metáfora do rio. Quando a brincadeira começa, "agora" já não existe mais e "eu" já é um novo personagem.

As crônicas aqui reunidas registram diversos "eus" ao longo de sucessivos "agora".

Agora eu era um livro. E você, o meu leitor.

O *amigo* de infância

Encontrar um amigo de infância é como atravessar um portal do tempo. Num minuto você é um adulto que paga previdência privada e usa ácido glicólico, no outro é um moleque vendo *O urso do cabelo duro* e comendo bolacha-maria com mumu. Você estende a mão com aliança para cumprimentar, mas o que sai do outro lado do portal é um dedinho com um anel mágico que faz "Shazam!".

Tece comentários sensatos sobre o que anda fazendo hoje em dia, mas por dentro mal consegue se recuperar da vertigem que sente ao ser empurrado ladeira abaixo da memória. Rever alguém que nos conheceu quando usávamos conga azul-marinho provoca essa curiosa enrascada existencial. De um lado, uma testemunha do nosso passado – alguém que pode muito bem lembrar que você queria estudar astronomia e cantar no *Globo de Ouro* e casar com um sujeito igualzinho ao Erik Estrada. Do outro, o resultado das escolhas que você fez quando quase todas as escolhas eram possíveis. Os americanos colocam isso da maneira mais clara e cruel possível: ou você é um "winner" (ganhador) ou é um "loser" (perdedor). Não tem zero a zero e bola ao centro – embora na vida real essa pausa para redefinir a estratégia do jogo seja muito mais freqüente do que os momentos em que se sobe ao pódio ou se abandona o campo. Nessa aquarela sem meiostons, nada é mais "loser" do que ser um "winner" que se deu mal, nada é mais "winner" do que superar todas as expectativas. Por isso a perspectiva da testemunha é tão decisiva.

A conversa pode ser sobre filhos, férias na Bahia ou o preço da gasolina, mas o subtexto nesse portal do tempo é sempre um jogo de comparações, da gente com a gente mesmo, da gente com o outro. Quem fez mais sucesso? Quem ganhou mais dinheiro? Quem amou mais? Quem se divertiu mais? Quem envelheceu melhor? Não que a gente queira o amigo fracassado, enrugado ou chorando um amor perdido. Normalmente basta nos sentirmos um tiquinho em vantagem para que a jovial cordialidade do sorriso oferecido ao amigo de infância seja ainda mais sincera.

Mas mesmo que a nossa pele seja de pêssego, e a nossa família seja de propaganda de margarina, e a gente tenha lido todo o Balzac e contribua com alguma ONG bacana para melhorar a vida no planeta, ninguém sai assobiando de um encontro repentino com o próprio passado. Congelada na memória do nosso amigo de infância, a criança que nós fomos nos abana confiante lá de longe. É dela talvez aquela voz que de vez em quando a gente ouve e não sabe bem de onde vem: "Olha bem, hein, vê lá o que você anda fazendo com a gente."

2/2/2003

Deixe-me *se for* capaz

Deixe-me se for capaz, ela dizia, sensual e misteriosíssima, segurando uma lâmina de barbear na frente do espelho do banheiro. E estava certa. Desde o dia em que conheci a loira da platinum plus, mais ou menos na mesma época em que a Ipirella preguiçosamente estirava suas curvas nos outdoors de Porto Alegre e o rapaz de calça tergal cumpria sua interminável maratona de "senta, levanta", a publicidade nunca mais me abandonou. Nem eu a ela.

Gostos televisivos vão e vêm. Num dia você é fã de *Vila Sésamo*, no outro não passa sem as novelas da Janete Clair, mais adiante só quer saber de documentários. Mas os jingles, os personagens, os slogans de comerciais vão persegui-lo para sempre onde quer que você sintonize. E não são apenas os comerciais eficientes que ficam martelando na sua cabeça, os que ganham milhares de prêmios ou criam bordões que entram para o imaginário nacional – "A gente veio aqui pra beber ou pra conversar?".

Os que repetem interminavelmente o nome do produto ou usam um locutor com uma voz tão insuportável que é impossível não prestar atenção também nos atormentam a memória, mesmo tempos depois de saírem do ar. Deixe-os se for capaz.

Um dos slogans que eu nunca consegui esquecer vem de um anúncio de tinta pra cabelo: "Eu tenho só uma vida e quero vivê-la loira." Trata-se de uma obra-prima publicitária. Brilhante em sua concisão e apelo. Que se dane a genética, o tempo e eventualmente até mesmo a noção do ridículo: se um barato qualquer – ser loira, dar a volta ao mundo, cantar no Canecão – literalmente faz a sua cabeça, por que não ir atrás? Se alguém é abençoado com a sorte de saber o que quer com tanta certeza assim, tem obrigação de fazer alguma coisa a respeito. Porque a maioria das pessoas não tem essa segurança toda, nem mesmo a objetividade para identificar todos os passos necessários para chegar aonde quer.

Claro que nem tudo na vida é tão fácil quanto sentar-se na cadeira do cabeleireiro e decidir-se entre o "loiro médio" e o "blondíssimo", mas, enfim, identificar prioridades já é um primeiro passo. O único perigo é cair na armadilha de associar a cor do cabelo, ou o modelo do carro, ou o tamanho do peito com satisfação pessoal – necessidades não-básicas tendem incrivelmente ao infinito. Para nos vender aquele tubinho de tinta, a

Agora eu era **(15)**

publicidade faz essa associação de forma explícita. Mas desde de manhã, na frente do espelho, até a hora de escovar os dentes antes de dormir fazemos isso o tempo todo também, e sem perceber. Porque a hegemonia do consumo e o culto à aparência são da natureza da nossa época, como o buraco na camada de ozônio e a internet.

A fronteira entre alguns pequenos prazeres cotidianos – se achar linda numa blusinha nova ou brincar com a cor dos cabelos – e o simples consumismo é às vezes mais fluida do que imaginamos. Todo mundo tem direito a sonhar com cachinhos dourados e olhos cor de violeta, mas sendo pão-duro com o preço simbólico do que se está comprando: cada coisa com o valor que ela tem, nem um tostão a mais.

9/12/2003

Pior cego **é o** *que quer* ver

O achado é do escritor José Saramago e está no documentário *Janela da alma*, de Walter Carvalho: se Romeu tivesse olhos de águia, até mesmo a visão do rosto de Julieta lhe seria insuportável. A proximidade revela imperfeições que nem mesmo o mais apaixonado dos amantes está preparado para enfrentar. Sendo assim, uma certa miopia não só tempera como torna o amor possível.

Fantasias amorosas, se não me falha a psicanálise de algibeira, carecem de uma certa dose de ilusão, de bobeira geral dos sentidos, chegando à cegueira absoluta nos casos mais graves – aqueles que costumam acabar nos tribunais.

Lembrei da frase do Saramago vendo o filme *Embriagado de amor*. O protagonista, um sujeito todo errado, neurótico e com periódicos surtos explosivos de raiva, calha de tornar-se objeto romântico de uma moça bonita, independente e aparentemente bem mais normal do que ele.

Enquanto ela vê seu pretendente com um olhar de Julieta enamorada, nós, a platéia, o vemos com o horror da visão macroscópica. A tensão toda do filme se concentra no esforço dele para tornar-se relativamente equilibrado aos olhos dela, quando tudo, interna e externamente, parece estar se desintegrando. Como se Romeu, diante do olhar deslumbrado e míope da amada, não tirasse da cabeça a espinha que lhe nasceu na testa ou a pizza de alho que a nova cozinheira dos Montecchio havia preparado no almoço.

A certa altura, nosso anti-herói pede socorro ao cunhado. Diz que não gosta muito de si mesmo, que se pega chorando sem motivo, mas não tem certeza se o negócio é sério ou não: "Não sei como são as outras pessoas", argumenta.

Perdidinha lá no meio do filme, essa frase de certa forma sintetiza um dos grandes sentidos da arte, que é tentar romper nosso isolamento, provando que, de uma forma ou de outra, todos compartilhamos os sentimentos que nos parecem os mais individuais – como a sensação de inadequação do personagem ou a ilusão de que um grande amor dará jeito na sua vidinha triste e sem perspectivas.

Embriagado de amor é um filme romântico narrado de uma maneira muito esquisita e perturbadora, mas conta, em essência,

(18)   Cláudia Laitano

uma história como a de Romeu e Julieta. O amor, sugere o filme de Paul Thomas Anderson, nasce do improvável encontro entre alguém tentando convencer e outro querendo acreditar. Como escreveu Guimarães Rosa, pior cego é o que quer ver.

6/8/2003

Vida, *modo* de **usar**

Nós, as meninas que nos anos 70 amavam *As Panteras*, hoje somos viciadas em *Sex and the City*. Nossas mocinhas de antanho tinham uma profissão exótica, moral inabalável e cabelos que nunca saíam do lugar, mesmo depois de dar uma tunda no bandido. Nossas heroínas de hoje cumprem expediente na firma, namoram caras não exatamente perfeitos e têm olheiras quando acordam de manhã – ou seja, são gente como a gente, apenas com sapatos melhores.

Sex and the City é talvez um dos mais bem-resolvidos exemplos do gênero "ficção de auto-ajuda". Pois aos espectadores/leitores de hoje, não basta se divertir, se emocionar ou se distrair das danações do cotidiano. É preciso se identificar, colar a sua realidade na do personagem, ver como aquele sujeito, recitando um script que poderia ser o seu, finaliza aque-

(20)   Cláudia Laitano

la cena, amarra com alguma lógica esse roteiro aparentemente sem sentido da vida urbana contemporânea. Porque somos todos, de certa forma, como o elenco de uma novela em que os capítulos estão sendo gravados pouco antes de irem ao ar. Mal decoramos o texto e já tem alguém atrás gritando: "Ação!". E nunca dá tempo para refazer a cena, a não ser no divã do analista.

Pegue as meninas de *Sex and the City* e os milhões de mulheres do lado bem-alimentado e calçado do planeta que se identificam com seus prazeres e ansiedades. Elas estão vivendo situações sobre as quais suas avós, mães ou mesmo as irmãs mais velhas não têm nada a declarar. Uma liberdade aparentemente sem limites, uma bagunça afetiva nunca dantes experimentada. A única certeza que as une é a de que os modelos a serem seguidos, se é que existem, ainda não fazem parte do acervo da família.

Mas essa compulsão pós-moderna pela auto-ajuda não é privilégio das mulheres solteiras na faixa dos 30. Pais e mães do século 21 também são criaturas confusas, que têm alguma idéia sobre a maneira como não querem criar os filhos, mas se sentem pequenos diante da tarefa monumental de educar crianças para serem adultos felizes, independentes e generosos. As prateleiras das livrarias estão cheias de best sellers que ensinam tanto a tirar a fralda quanto a manter um adolescen-

Agora eu era **(21)**

te longe das drogas. *Papai sabe tudo*, um seriado de TV dos anos 50, poderia ser refilmado hoje com o seguinte título: *Papai não faz a mínima idéia, mas vai tentar descobrir na internet.*

24/9/2003

Fazes-me falta

Existem dois tipos de livros, os que se lêem e os que se lêem sublinhando. Na adolescência, eu certamente teria sublinhado essa frase. Fui uma sublinhadora voraz e nem sempre imune aos clichês. Certos trechos que pareciam encerrar toda a sabedoria do mundo e a chave para decifrar o sentido da vida conquistavam a glória suprema de ganhar um espaço na parede do quarto – copiados com caligrafia caprichada e fixados com durex enroladinha. Quando, enfim, a cola sumia e o cartazinho desabava junto com um pedaço da pintura, já a tal frase havia ficado invisível no mosaico de fotografias, cartazes e recortes de revistas que então cumpriam a função de anunciar ao mundo – se por acaso o mundo um dia espiasse pela porta do meu quarto – quem morava ali e com o que sonhava quando estava acordada. Sublinha-se menos depois de uma certa idade. Em um momento ou outro da vida adulta, acaba-se perdendo a ilusão de que se podem congelar emoções – as estéticas e todas as outras. Talvez o tempo nos ensine que a frase que hoje nos aquece o espírito ou acende a inteligência nem sempre desperta o mesmo efeito numa releitura. Talvez nos tornemos leitores mais sofisticados, ou mais céticos, ou mais preguiçosos. Prefiro acreditar que sublinhamos de um outro modo, deixando que o prazer de uma grande leitura decante na nossa memória suavemente, até fazer parte de um repertório permanente, que não descola nem estraga a pintura.

Lendo o romance *Fazes-me falta*, da escritora portuguesa Inês Pedrosa, várias vezes pensei em levantar e procurar um lápis. Pensei também em como gostaria de dá-lo de presente a alguns amigos, de compartilhar com eles a leitura de uma autora tão contemporânea no conteúdo e tão clássica, no melhor sentido, na forma. E quis ouvir outras opiniões sobre o texto e retardar um pouco a leitura, como costumo fazer com os livros de que mais gosto – só não cogitei a hipótese de escrever nas paredes. O romance é narrado em paralelo por uma mulher, morta, e um homem, mais velho, vivendo o luto da sua perda. Os dois, que nunca foram amantes, passam a limpo uma relação amorosa não convencional, preservada do inevitável desgaste das paixões concretizadas, mas de certa forma incompleta para sempre. É um ensaio sobre o amor, a amizade e tudo que, sem um nome mais apropriado, fica no meio do caminho. Mas é também um livro que celebra o diálogo inteligente, a comunhão de gostos e o prazer de compartilhar interesses – com amigos, com amantes, com leitores. O prazer de sublinhar.

1/10/2003

Vá e *veja*

O povo gosta de arte, garantiu Lula em seu discurso na cerimônia de abertura da 4ª Bienal do Mercosul. Não sei exatamente o que passa pela cabeça do presidente quando ele pensa em arte, mas imagino o que não passa. Imagino o presidente cutucando dona Marisa e rindo baixinho diante de uma instalação daquelas mais esquisitas – um porco dentro de uma caixa de madeira, um gato morto coberto de produtos químicos.

O curioso é que essa reação hipotética de Lula, com seus quatro ou cinco anos de ensino formal, poderia ser exatamente a mesma se ele fosse formado em engenharia mecânica ou, digamos, sociologia. Eis aí o brete em que a arte contemporânea nos coloca: algumas obras exigem tanto do espectador que o torneiro mecânico, o sociólogo e a bailarina igualam-se em perplexidade. Talvez aprecie-se melhor Monet sabendo o que significou a ruptura dos impressionistas com a pintura acadêmica ou observando como o artista usa a luz desse ou daquele jeito. Mas nada na história da arte nos prepara para todos os sustos que a gente pode levar em museus e galerias hoje em dia.

Não sou uma apreciadora incondicional de todas as experiências estéticas. Algumas obras me escapam ao entendimento. Outras, as piores, me deixam mortalmente indiferente. E há ainda aquelas em que a gente tropeça, simplesmente porque não percebeu que era arte. Mas sou obrigada a defender o direito dos artistas de se expressarem do jeito que lhes der na telha. Rejeitar em bloco o que não se encaixa de cara nos nossos padrões estabelecidos é sempre um risco. Até Monet foi considerado incompreensível um dia.

Pois acabei pensando na arte contemporânea e na Bienal do Mercosul, vejam só, assistindo no último sábado à soberba montagem de *A morte de um caixeiro viajante*, de Arthur Miller, duas ou três semanas depois de ter visto *Ânsia*, de Sarah Kane. A primeira peça, escrita em 1949, é um clássico do realismo psicológico, um texto linear e transparente, capaz de causar no espectador de hoje o mesmo impacto que causava há 50 anos – e que deve continuar impressionando o público enquanto pessoas agruparem-se em famílias e envelhecerem e acharem frustrantes todas as comparações entre os sonhos que tiveram e a vida que viveram. *Ânsia*, escrito em 1998, coloca diante da platéia quatro ato-

Agora eu era

res sentados, quase o tempo todo imóveis, recitando um texto absolutamente fragmentado, sobre temas como pedofilia, estupro e sadomasoquismo. Não tenho dúvida de que é muito mais confortável assistir a um espetáculo com começo, meio, fim e um sentido mais ou menos explícito. Mas faço parte da geração de Sarah Kane – a autora inglesa que teria hoje 32 anos, se não tivesse se enforcado com os cordões dos sapatos aos 28. Provavelmente ouvimos as mesmas músicas, vimos os mesmos filmes e vivemos nesse mesmo mundo caótico retratado em suas peças. De um jeito torto e incômodo, há algo ali que também faz sentido para mim.

Lula tinha razão. O povo gosta de arte, da arte em que se reconhece, da que faz pensar ou da que simplesmente distrai. O problema é que nem sempre a arte se oferece tão graciosamente ao nosso gosto ou à nossa distração. A questão é quanto estamos dispostos a nos deixar surpreender.

18/10/2003

Gostosa!

Um amigo meu, músico não famoso, confirmou uma suspeita que eu sempre tive: no palco, todo mundo fica bonito. Hum, talvez bonito não seja o termo certo: o palco, na verdade, deixa todo mundo mais gostoso. A magrela fica boazuda, o feio se enche de charme, o apagadinho aparece – e aquele que já era bonito, então, deus-o-livre. Esse meu amigo conta que não é rara a situação em que uma dada menina, que nunca lhe daria pelota em sua versão sujeito comum, quando o vê em ação no palco subitamente percebe que está diante de um homem irresistível. E parte para o ataque. Vida dura, hein? (O negócio é tão evidente que milhares de garotinhos de 16 anos, mal iniciados na arte de dar bom-dia ao sexo oposto, já intuem essa verdade profunda sobre a alma humana e sonham em montar sua própria banda de rock – por sincera devoção à música, sim, com certeza, mas também de olho nos aspectos, digamos, mais palpáveis da profissão.) Aqueles videoteipes desbotados dos Beatles, com meninas que hoje são vovós se acabando diante dos primeiros ídolos cabeludos, revelam que a gritaria das fãs nasceu e cresceu com o pop, como a calça de brim e o cabelo desgrenhado. O que é curioso é como esse fenômeno – o arrebatamento e a sensualização muitas vezes exagerada da relação público/artista – migrou das enormes e barulhentas arenas roqueiras, onde qualquer gritaria se dilui ao som das guitarras, para teatros menores com um som mais intimista. Porque uma coisa é gritar declarações de amor para o Mick Jagger no meio de um show dos Rolling Stones, outra bem diferente é atravessar o silêncio como um ônibus lotado para chamar o João Gilberto de gostoso. (Ok, o exemplo passou um pouco da conta, mas vocês entenderam.) Os shows da Maria Rita e do Ney Matogrosso aqui em Porto Alegre, nos dois últimos fins de semana, mostraram como essa mania de gritar "gostoso!" em shows mais intimistas pode soar esquisita, dependendo do artista e do clima do espetáculo. Maria Rita deu um pára-te quieto bem-humorado na empolgação exagerada de um fã. E a coisa ficou por aí. No caso do Ney Matogrosso, foi um pouco mais desconfortável. Ney estava mais classudo do que nunca – acompanhado de quatro violões, cabelos brancos já aparecendo –, mas parte da platéia reagiu como se estivesse diante do cantor que se apresentava seminu e de rosto pintado. Se existe uma analogia possível entre o sexo e um espetáculo musical, é que ambos só funcionam quando existe sintonia entre os parceiros, o que exige que um esteja sempre muito atento às reações do outro. No caso dessa mania de gritar declarações de desejo explícito no meio de um teatro, há um certo risco. Porque até um elogio que todo mundo gosta de ouvir, dito fora de contexto, pode soar agressivo. Nada menos gostoso do que isso.

12/11/2005

Adeus **ao** Pai

Pais costumam ser muito parecidos quando falam dos filhos. Agora peça para alguém descrever sua relação com o próprio pai ou a mãe e você vai ouvir uma história singular, quase uma impressão digital afetiva.

Do ponto de vista narrativo, a figura ficcional do pai – faço aqui uma generalização perigosíssima, mas vá lá – também é muito mais rica do que a do filho. Sem pensar muito, lembro imediatamente de dois exemplos grandiosos do gênero, o conto *A terceira margem do rio*, de Guimarães Rosa, sobre um filho assombrado pelo pai, e o filme *Sonata de outono*, de Ingmar Bergman, sobre uma filha assombrada pela mãe. (Em *Hamlet*, o fantasma do pai é tão poderoso que só aparece assim na peça, como assombração.) Também costumam ser previsíveis as conversas sobre o quanto os filhos mudam a nossa rotina. Sempre aparece alguém para lembrar que você nunca mais vai dormir direito, e que sua casa será um caos pelos próximos 20 anos, e que seu plano de escrever o grande romance do século terá que ser adiado até 2030. Mas ninguém nos prepara para o rombo que a morte de um pai ou de uma mãe abre em nossa vida. A gente calcula a tristeza, imagina o período de luto que vem depois, mas só percebe o tamanho da ausência no dia seguinte, quando ser "o filho do fulano" passa a ser uma definição abstrata, que só faz sentido na sua memória e na dimensão que você dá a ela.

Em *Invasões bárbaras*, de Denys Arcand, pai e filho têm a chance de passar a limpo o que em breve será apenas memória. O filme, uma espécie de continuação um pouco menos cínica de *O declínio do Império Americano* (1986), narra os últimos dias de um intelectual de meia-idade com uma doença terminal. Rémy (Rémy Girard) foi um pai ausente para Sébastien (Stéphane Rousseau), que se vingou tornando-se, em todos os sentidos possíveis, o oposto do pai, com quem nunca se entendeu.

Fruto de uma época em que a família tradicional se fragmentou – os amigos são o novo e mais sólido núcleo familiar, idéia que já aparecia em *O declínio...* –, Sébastien é chamado a cuidar do pai, e o faz do modo mais convencional. Simplesmente porque não há outro caminho possível no campo da sua ética pessoal. O desenlace, previsível, é o reencontro afetivo de pai e filho. Há algo de artificial nesse acerto de contas tão perfeito, mas o golpe sentimental no espectador é certeiro. Não há quem não se coloque no lugar daquele filho que tem a chance de se despedir longamente do pai, oferecendo colo, proteção e o precário conforto possível diante da morte. Infelizmente, na vida real, essa amorosa cerimônia do adeus nem sempre está prevista no roteiro.

22/10/2003

Meu **mundo** *caiu*

O s jacarandás estão floridos, o verão está ali na esquina, mas meus dias têm sido de plena fossa. Uma fossa daquelas brabas, noturnas, de casos desfeitos e cruéis desilusões – o que, eu admito, não combina nada com o tempo que está fazendo lá fora. Acontece que o novo CD da Gal Costa foi lançado em plena primavera e há duas semanas não sai do meu toca-discos. O CD chama-se *Todas as coisas e eu* e reúne canções compostas entre 1929 e 1973. Caymmi, Ary Barroso, Dolores Duran, Lupicínio e Noel – olha o time – foram chamados ao combate. Não sei se o recorte dor-de-cotovelo é intencional, mas os amantes que surgem dessa preciosa seleção sofrem como deus-o-livre. Choram amores perdidos com um despudor que não se fabrica mais. Ou melhor, se fabrica, claro, mas com aplicações bem menos estimulantes artisticamente.

Repare nos versos de "Pra machucar meu coração", tributo à delicadeza composto por Ary Barroso há exatos 60 anos e que você já deve ter ouvido umas mil vezes: "Meu sabiá, meu violão/ E uma cruel desilusão/ Foi tudo que ficou." Já pensou? Fiquei imaginando o sujeito, lar desfeito há um ano e meio, sentado na calçada da vida com uma gaiola e um pinho, consolando-se com a sabedoria que, reza o senso comum, vem de brinde com as grandes dores: "O mundo é uma escola/ Onde a gente precisa aprender/ A ciência de viver/ Pra não sofrer."

Nesse campo santo de amores, nada é tão pungente quanto o desamparo silencioso, esse jeitinho miúdo de sofrer sem alarde, que aparece também em "Nossos momentos", de Luiz Reis e Haroldo Barbosa: "Eu escrevi na fria areia/ Um nome para amar/ O mar chegou, tudo apagou/ Palavras leva o mar."

Ainda no reino da delicadeza, gosto especialmente de "Fim de caso", de Dolores Duran, que flagra o exato momento em que você percebe claramente que deu para aquela história que um dia pareceu eterna. É um insight que nunca surge quando se está em casa, meditando sobre o sentido da vida ou analisando profundamente o relacionamento. Acontece no súper, no ônibus ou bem no meio do *Fantástico*: "Eu desconfio/ Que o nosso caso/ Está na hora de acabar/ Há um adeus em cada gesto/ Em cada olhar/ O que não temos é coragem de falar."

Mas sofrimento silencioso, todo mundo sabe, é coisa para quem tem "Nervos de aço". Não é o caso de Lupicínio Rodrigues, com seu sangue fervente nas veias, abrindo o peito algumas faixas mais adiante: "Eu só sei é que quando eu a vejo/ Me dá um desejo de morte ou de dor". Menos, Lupi, menos. O verão, dizem, está logo ali na esquina.

26/11/2003

Kidults

Calor, sol a pino, e eu na fila do fast-food favorito da minha filha, desdobrando fibra por fibra meu fiapo de paciência para enfrentar situações adversas em temperaturas extremas. Foi quando avistei um alvo perfeito para distrair meu mau humor. Uma garota de seus vinte e poucos anos, mechas cor-de-rosa no cabelo, falando num celular das Meninas Superpoderosas e procurando alguma coisa na sua bolsinha Hello Kitty. (Provavelmente um passador do Piu-Piu.) Fiquei pensando que raios de época é essa em que a gente vive – todo mundo quer ter 20 anos, e quem tem faz de conta que não passou dos oito. E então meus miolos começaram a derreter e fui obrigada a interromper o devaneio. Dias depois, no ar-condicionado, espiando o *New York Times* na internet, descobri que a menina de cabelos cor-de-rosa não era apenas mais uma vítima da moda – talvez superdimensionada pelo meu mau humor. Ela se encaixava à perfeição a um novo rótulo do mercado. Era um ícone ambulante de uma tendência cada vez mais comum entre jovens adultos de classe média: a tentativa de manter um pedaço da infância vida adulta afora, colecionando brinquedos, assistindo a desenhos animados, usando acessórios com personagens mimosos, fazendo tatuagens de bichinhos. Se você ainda guarda seu Toppo Giggio, pára para assistir à Corrida Maluca no canal Boomerang ou tem a musiquinha dos Flintstones no celular, fique atento, você também pode ser um "kidult". Segundo o *New York Times*, vivemos a era do "Peterpandemônio" – da qual Michael Jackson e seus bichinhos de pelúcia seriam o símbolo extremo e mais esdrúxulo.

Jamais usaria um band-aid do Bob Esponja, não guardei meu forninho da Atma e nunca dei Hello para a Kitty. Mas tenho que confessar que fiquei com vontade de ter oito anos de novo vendo o fascínio do meu sobrinho diante do último volume da série *Harry Potter*. Estávamos numa livraria quando ele parou para folhear o cartapácio de 702 páginas que vai ganhar de Natal. Passou os dedinhos na capa, deu uma espiada na última página, suspirou: ainda faltam duas semanas. Deve ser assim que se cria o hábito da leitura, a partir de uma primeira experiência mágica com a literatura que a gente passa o resto da vida tentando repetir. Assistir a esse momento, participar desse rito de passagem, foi de certa forma reviver a infância – o melhor dela. E sem precisar usar passador do Piu-Piu.

10/12/2003

Filme de *época*

Com alguma boa vontade, até filme ruim faz o sujeito matutar. Estava assistindo a *O sorriso de Mona Lisa*, que se passa nos anos 50 em uma escola feminina de elite, e fiquei pensando naquelas mocinhas que chegaram à vida adulta exatamente na ante-sala da evolução de costumes que dividiria a história das mulheres em a.F. e d.F. – antes e depois do feminismo. Que geração embretada essa: tivessem vindo ao mundo um pouquinho depois e provavelmente teriam assado menos bolos e usado mais minissaias. (Nada garante que seriam mais felizes ou mais realizadas do que suas filhas e netas, mas essa não é exatamente a questão – felicidade e omelete é o que a gente faz com os ingredientes que tem à disposição.)

O fato é que para nós, mulheres que nasceram a partir dos anos 60, algumas dessas senhoras que hoje têm 60 ou 70 anos são como irmãs mais velhas que nos fizeram o favor de "amaciar os coroas" – para usar uma gíria de antanho. Se hoje a gente pode ficar no baile até a última música é porque alguém forçou os limites antes de nós, e não sem algum custo.

Seja a passinhos de formiga, seja a saltos triplos, a história dos costumes evolui desse jeito, sobre o suor e as lágrimas de quem teve peito para remar contra a maré em determinado momento, em determinadas circunstâncias. É um exercício curioso imaginar que tipo de armadilha a gente está tratando de desarmar para quem vem vindo – para a guria que vai correr no Parcão daqui a 50 anos, para o guri que vai torcer no Gre-Nal do século em abril de 2054. De que forma estamos agindo para tornar a vida deles, se não mais feliz, pelo menos mais rica em opções?

Para entrar na brincadeira, o primeiro passo é tentar identificar no turbilhão de escolhas que nos parecem as mais naturais aquelas que são determinadas única e exclusivamente pela nossa compreensível tendência de seguir o rumo da manada. Ninguém tem energia para desafiar o senso comum e os comportamentos socialmente consagrados o tempo todo. (Bom, algumas pessoas têm, e essas ou ficam loucas ou fazem história, às vezes as duas coisas.) Aqui se trata de pensar o que eu e você – gente comum, que, podendo, prefere não se incomodar – estamos perdendo por abrir mão de um gesto de ousadia aqui e ali, desconfiando, pelo menos de vez em quando, daquilo que parece uma verdade divina, mas não é. Como a primeira menina que percebeu que o casamento não era a única opção, como o primeiro casal gay que foi atrás dos seus direitos na justiça, como o primeiro pai que brigou pela custódia do filho depois da separação.

1/12/2004

Mal-estar **na** civilização

Uma coisa eu aprendi com os homens: a maneira mais rápida de conhecer o caráter de um sujeito é ver como ele se comporta numa quadra. Pelo que eu entendi, funciona mais ou menos assim. O cara é um doce no trabalho, parece se dar bem com todo mundo, nunca foi visto discutindo. Mas no futebol de salão é um gladiador, parte para cima das canelas alheias, não poupa nem o melhor amigo. O rapaz é aparentemente um cuca-fresca, um boa-praça, mas no campo perde a esportiva, é uma pilha de nervos. A lista de tipos não pára, se você tiver paciência e interesse antropológico suficientes – o canalha oculto, o fominha, o que se acha. Futebol é uma caixinha de surpresas humanas.

Uma coisa eu aprendi com quem dirige: no trânsito nada é azulzinho. Em nenhum lugar as pessoas sentem-se tão à vontade para o vale-tudo, para o primeiro-eu. A moça que é capaz de esperar 10 minutos pacientemente na fila do caixa de uma butique grã-fina não perde 30 segundos para dar passagem para outro carro. O executivo viajado, cheio de carimbos no passaporte, é capaz de bater boca com um velhinho por uma vaga no estacionamento – e ainda ir para casa achando que estava coberto de razão. Não há espaço para a gentileza, para a cordialidade. É um território livre para a barbárie e, às vezes, para a pura falta de bom senso: quantas pessoas você conhece que abrem mão de beber quando vão dirigir?

Uma coisa eu aprendi na internet: e-mails são um atalho assustador nas relações humanas. Antes você conhecia a pessoa, falava com ela pessoalmente algumas vezes, outras tantas pelo telefone e a menos que um de vocês mudasse de cidade ou fosse o último amante epistolar do planeta a chance de se comunicarem por escrito era rara. Casais se conheceram, tiveram filhos, se separaram sem nunca trocar uma carta. Agora é pá-pum-email – ou, mais comum ainda, email-pá-pum. Etapas são queimadas. Pois bastam meia dúzia de linhas, não mais que isso, para que se perceba o quanto a pessoa lê ou não, se tem senso de humor, se articula o pensamento com alguma lógica. Não são raros os casos de internautas que revelam pelo e-mail um lado surpreendentemente tosco. Protegidos pela distância do interlocutor, dizem coisas que não teriam coragem de dizer

Agora eu era

(45)

pessoalmente. É o valentão virtual, a modalidade mais recente de um gênero imemorial.

Uma coisa eu aprendi com a observação da espécie: não é moleza ser civilizado. Civilização é o contrário da nossa natureza. Por isso dá tanto trabalho e exige tanta vigilância.

8/2/2004

Platôs

Tem um filme que eu adoro. Chama-se *Waking life* e é um exemplar raro de um gênero que poderíamos batizar de "animação filosófica". Para encurtar o enredo – e correndo o risco de espantar metade dos leitores já no início do texto – trata-se de uma reflexão sobre o sentido da vida, os sonhos e a nossa relação com a morte. Tudo isso em desenho animado e com um tango como trilha sonora. Você ainda está aqui comigo?

Bom, acontece que tem um diálogo no meio do filme que me fez pensar na hora: "Bá, é bem assim mesmo!". (E não é a melhor coisa do mundo quando isso acontece?) A cena mostra duas amigas de trinta e poucos anos conversando em um café. Uma delas comenta que na adolescência e no início da vida adulta imaginava que quando tivesse 35 ou 40 anos teria atingido uma espécie de platô existencial. Estaria profissional e afetivamente estável, livre das ansiedades da juventude, ocupada mais ou menos apenas em administrar suas conquistas e o tempo que a separava da velhice e da morte. Em resumo, fora do jogo. "Mas não é que não acontece nada disso?", constata a personagem. Eu, ela e você – se já passou dos 30 – sabemos que se chega a essa idade e a todas as outras com um pouco mais de experiência, talvez um pouco menos de hesitação diante de determinadas situações, mas com um lote monumental de questões a acertar, o suficiente para nos distrair pelo menos até os 90 anos.

Para começo de conversa, não há tempo suficiente sobre a Terra para que se aprenda tudo o que se tem para saber sobre como as pessoas agem e reagem – inclusive, e principalmente, a gente mesmo. Menos tempo ainda para ler todos os livros, ver todos os filmes ou ouvir todas as músicas que chegaram perto de resumir um pouco desse conhecimento acumulado. E mais: não existe aposentadoria por tempo de serviço afetivo. Enquanto há um fiapo de paixão sob a pele, há movimento e inquietação inesgotáveis, desconforto, frustração – e vontade de ter prazer.

É o que eu acho, na teoria. Mas se paro para me imaginar, por exemplo, aos 73 anos, não escapo da armadilha: visualizo imediatamente uma senhora com a cara da Dona Benta ou da Fernanda Montenegro, muito tranqüila, cercada de netos e paixões adormecidas. Talvez seja inescapável fantasiar que essa confusão toda em que a gente vive desemboca em alguma espécie de pacificação final – marcada para um dado momento da vida que vamos sempre empurrando para mais longe, à medida que a gente envelhece. Mas é óbvio que existem pessoas de todas as idades que jogam a toalha e pessoas de todas as idades que simplesmente se recusam a botar para dormir o que as apaixona.

Uma representante do segundo time morreu na semana passada – depois de passar anos desfazendo qualquer ilusão dos seus leitores a respeito de platôs existenciais. "Acho muito triste a velhice, porque sempre as pessoas diziam: fica com Deus. Nunca dizem: fica com um homem", reclamou a escritora paulista Hilda Hilst (1930-2004) em uma entrevista. Não imagino o que eu colocaria no epitáfio da Dona Benta, mas no de Hilda Hilst eu já pensei: "Descansa, e vai com os homens."

15/2/2004

Farrapos de *fantasia*

Sabe aquele mar de gente prostrada, rezando virada para Meca? Pois aquelas imagens de multidão em Olinda ou Salvador nesta época do ano despertam em mim mais ou menos a mesma sensação. Uma pontinha de inveja da fé que une esse povo todo em torno de um credo comum, algum interesse antropológico pela cultura exótica, mas, acima de tudo, um grande alívio por não ser obrigada a estar lá no meio.

Para minha sorte, não gostar de Carnaval é uma falha de caráter amplamente aceita pela cultura meridional. Há um certo consenso silencioso de que a nossa insistência em cultivar a chama da folia nada mais é do que um louvável esforço para nos mantermos integrados ao resto da federação – talvez em respeito a alguma cláusula secundária do acordo que selou a paz na Guerra dos Farrapos.

A verdade é que com todo esse blablablá de globalização e coisa e tal não ficaria nem bem cair fora da maior festa do país alegando incompatibilidade de gênios. Por isso devemos tanto a esse pequeno, mas combativo, time de gaúchos foliões.

Imbuídos de genuíno espírito federativo e voluntariamente contaminados pela magia do samba, nossos heróis chamam para si a tarefa de manter o Carnaval vivo no Rio Grande do Sul – sambando na avenida, lotando clubes no interior, saindo em blocos na praia. Enquanto o "alalaô" soar no salão, enquanto a última havaiana não pendurar seu sarongue, nós, os gaúchos que não gostam de Carnaval, podemos dormir tranqüilos durante esses quatro dias: ainda somos brasileiros.

22/2/2004

Máximas **de** *verão*

Convencido de que vai morrer dentro de 24 horas, graças à imperícia fatal de um sushiman, Homer Simpson decide transmitir ao filho, Bart, a síntese do conhecimento que acumulou ao longo dos anos. Investe-se de toda a solenidade de que é capaz – imagine o esforço, em se tratando de alguém acostumado a vasculhar vãos do sofá atrás de restos de comida – e formula uma espécie de receita para se dar bem na vida, concentrada em três breves pílulas de sabedoria (ou coisa parecida): (1) Bela idéia, chefinho. (2) Segura essa pra mim que eu já volto. (3) Quando eu cheguei já estava assim.

Bart, óbvio, não dá a mínima para as máximas do Homer. Como todos sabem, nosso herói sobreviveu à tal carne de baiacu envenenada, a anos de trapalhadas em uma usina nuclear e até mesmo a uma visita ao Brasil. Vende saúde o sujeito, apesar da evidente icterícia: em dezembro, o seriado *Os Simpsons* completa impressionantes 15 anos no ar na televisão americana.

Essa conversa toda é para contar que, inspirada pelo Homer e pela modorra de Imbé, também arrumei uma máxima para passar adiante para minha filha no caso de uma eventualidade qualquer colocar minha vida subitamente em risco – uma casquinha de siri estragada, uma caipirinha com a quantidade errada de cachaça, uma mãe d'água mutante.

Como as minhas férias terminaram e eu aparentemente sobrevivi, resolvi passar adiante o resultado dessa reflexão (o meu "use filtro solar", digamos assim) para os leitores que acompanham minha coluna. Vai lá: 1) Na vida, tudo é passageiro, menos o cobrador e o motorneiro.

Eu sei, a frase não é bem minha – originalidade não é coisa que se exija de alguém mascando puxa-puxa –, mas encerra muito da sabedoria que consegui acumular até agora. Não economizaria um tanto de energia saber que tudo passa, tudo mesmo, quando o primeiro amor frustrado derruba nossa auto-estima aos 30 segundos do primeiro round? Ou lembrar disso dois minutos antes de tatuar o nome do Supertramp quando você tinha certeza ab-so-lu-ta de que nunca haveria outra banda tão tudo a ver? Segura essa pra mim que eu já volto.

21/1/2004

A *cidade* e os **dinossauros**

Minha filha um dia me perguntou se ainda existiam dinossauros em Porto Alegre quando eu tinha a idade dela. A beleza da pergunta não vem apenas do esforço inteligente em tentar organizar a complexa linha de tempo que une as cavernas aos condomínios horizontais, mas da demonstração de curiosidade sobre o passado de dois elementos tão familiares a ela – a própria mãe e a cidade natal.

De um jeito muito sutil, o que ela estava dizendo era o seguinte: "Sim, eu sei como vocês são agora, mas o que é que rolava antes?".

Quando nascemos e moramos a vida inteira em uma mesma cidade, nenhuma rua, nenhuma esquina é só o que ela parece hoje. Cada lugar encerra infinitas camadas de passado, do nosso passado, como vestígios de pinturas antigas que vão se acumulando à medida que envelhecemos. Um beijo num cinema que virou bingo, uma noitada num bar que não existe mais, um jogo de taco num terreno baldio que deu lugar a um supermercado horroroso. Nossas cidades invisíveis são quase tão palpáveis quanto aquela outra que nos cobra o IPTU.

Olhar fotos antigas de lugares que a gente conhece bem – tão iguais e tão diferentes ao mesmo tempo – nos convida a um irresistível jogo-dos-sete-erros: aquele edifício continua ali, daquela pracinha não sobrou nenhuma árvore, nesse morro cavaram um viaduto. Mas também nos obriga a imaginar o futuro que já se insinua na paisagem. Pois somos apenas um trechinho dessa história, um capítulo intermediário num romance de mil páginas. Naquele mesmo Mercado Público em que o nosso avô comprava peixe, nossos netos um dia talvez comprem brócolis transgênico com gosto de catupiri. Cidade é herança mas é legado também.

Mais do que o registro no cartório ou as datas festivas em que se convencionou celebrar o aniversário municipal, é principalmente a nossa relação com o passado e o futuro de uma cidade que determina essa reconfortante sensação de pertencer a um lugar mais do que a todos os outros. Quase como se estivéssemos aqui desde o tempo dos dinossauros, quase como se fôssemos ficar aqui para sempre.

24/3/2004

Pensa!

Perplexo diante da minha inépcia para repetir uma manobra ensaiada várias vezes nos últimos 20 minutos, meu jovem instrutor de auto-escola escancara um olhar desconsolado, quem sabe contendo bravamente o impulso de bater minha cabeça contra o pára-brisa, e o que lhe ocorre é lançar um último e desesperado apelo: – Pensa!

Suando sob o sol de um verão sadicamente fora de época – a roupa grudada no corpo, a auto-estima grudada no chão –, vivi uma espécie de iluminação retrospectiva ali naquele instante.

Nada que tenha se refletido na minha habilidade para encaixar um carro entre quatro balizas, bem entendido. Ocorre que o chamado à razão do meu instrutor despertou a memória de todos aqueles momentos excruciantes em que estive diante de desafios intelectuais muito além das minhas chinelas.

(56) Cláudia Laitano

"Pensa!" – a voz insistia na minha cabeça, enquanto o rapaz no banco ao lado, abatido, parecia já ter entregue meu caso a algum santo das causas impossíveis.

Por legítima que fosse a invocação do esforçado instrutor, o fato é que não se ensina a pescar, cozinhar ou raciocinar apelando para a aparente simplicidade da tarefa. A jornada rumo ao conhecimento nunca é simples – como qualquer um que tenha se dedicado a descobrir alguma coisa nova um dia deve se lembrar ainda –, mas pode, sim, ser bem mais prazerosa do que aprender a dirigir em Porto Alegre num Gol sem ar-condicionado. Há na literatura um gênero que se sustenta exatamente no prazer de aprender a pensar ou, melhor dizendo, no prazer de acompanhar um grande autor no esforço de entender como determinada coisa funciona – ele próprio, as outras pessoas, o mundo ao redor. A primeira vez em que fui apresentada ao termo "ensaio literário" foi durante uma oficina dedicada ao tema desenvolvida pelo professor Luís Augusto Fischer no início dos anos 90, no então supermovimentado Centro Municipal de Cultura. Usando escritores como Montaigne (o pai da matéria e um autor que merece figurar no topo da sua lista de clássicos que devem ser lidos urgentemente), Virginia Woolf e Nelson Rodrigues, o professor nos descortinava um fascinante universo de textos em que forma e conteúdo andavam abraçadinhos, de uma maneira como, até então, eu imaginava só ser possível nos melhores livros de ficção.

Lembrei daquelas aulas lendo *Queda livre – ensaios de risco*, de Otavio Frias Filho, um livro que reúne sete ensaios do diretor de redação do jornal *Folha de S. Paulo*, todos eles sobre experiências radicalmente novas pelas quais o autor passou – pular de pára-quedas, tomar santo-daime, viajar num submarino, atuar em um espetáculo de teatro, percorrer o caminho de Santiago, visitar o submundo do sexo, trabalhar como voluntário no CVV. Nesses ensaios o que encontramos não é um menininho rico brincando de fazer coisas diferentes, como poderia supor o não-leitor maldoso, mas um homem arriscando-se a descer, segundo suas palavras, "até os círculos do inferno pessoal" – e voltando de lá para narrar essas experiências de forma tocante e arrebatadora. "Pensa!", parece provocar-se o ensaísta o tempo todo no texto. E aqui, sim, isso faz todo o sentido do mundo.

21/4/2004

A roda

A humanidade tem sido capaz de desenvolver técnicas para superar os obstáculos mais complexos. Esse patrimônio de saber acumulado ao longo dos séculos está em cada detalhe da nossa vida cotidiana e garante que a gente coma melhor, vista-se melhor, durma melhor que os nossos antepassados – aqueles a quem coube descascar o primeiro abacaxi e inventar o primeiro lençol de linho. De fritar um ovo a baixar músicas da internet, tudo que a gente faz se beneficia de alguma espécie de conhecimento adquirido anteriormente por alguém que nos passou a manha do negócio.

Certo? Nem sempre. Se isso vale para um montão de coisas, das pontes aos cortadores de unhas, conta quase nada no mundinho das nossas questões subjetivas. Pegue um menino de 15 anos, bombardeie o guri com clássicos da literatura e conselhos ajuizados e ele vai se tornar um adulto com muito mais horizontes – mas vai sofrer com o primeiro amor frustrado do mesmo jeito que o capiau mais inocente e tosco. No que toca a determinados assuntos, é como se cada um de nós estivesse sempre reinventando a roda.

Fiquei pensando em como todas as histórias de amor são parecidas – e em como observar erros e acertos alheios não nos ensina a amar mais ou melhor – assistindo ao filme *Todas as garotas que amei*, do diretor Henrique Goldman. Por incrível que pareça, trata-se de um documentário em que um sujeito, o diretor, teve a cara-dura de pedir a todas as mulheres que amou para que falassem sobre ele e sobre o relacionamento que tiveram. Uma namoradinha da adolescência não quis participar. Uma atriz com quem o diretor teve um caso extraconjugal preferiu não falar, em respeito ao marido traído. Mas todas as outras, ex-namoradas, ex-mulheres, a atual esposa, toparam o desafio. Um filme que parte de um argumento como esse tinha tudo para se transformar numa monumental viagem em torno do umbigo, mas o que acontece acaba sendo o oposto. O próprio Henrique Goldman torna-se absolutamente irrelevante no documentário. Não somos poupados de algumas revelações constrangedoras, é verdade, mas o que torna o filme interessante é a forma como vai além das picuinhas individuais. A partir de relatos aparentemente banais, o diretor consegue montar um comovente painel sobre o ciclo de vida do amor – do primeiro olhar, cheio de fantasia e expectativa, à sensação de fracasso que acompanha o final de quase todas as grandes paixões.

Vivemos a época da auto-exposição e do voyeurismo. Para cada maluco querendo se mostrar, há outros dois milhões dispostos a espiar. Mas se existe alguma diferença entre as trevas e a luz, entre o tá-e-daí e o que pode nos levar a pensar é a possibilidade de extrairmos algum sentido de outras experiências individuais. Algo que ilumine um pouco nosso repertório comum de perplexidades e, com sorte, nos ofereça alguma pista sobre a intricada arte de reinventar a roda.

12/5/2004

Rewind

Tem filmes que nos conquistam pelo conjunto da obra: uma história bem contada, atores geniais e um cutuco emocional e/ou intelectual qualquer que nos bate do jeito certo na hora certa. São esses os que a gente geralmente lembra quando pensa em grandes filmes – os que marcaram o ano, os que se listariam como favoritos no Orkut. Mas existe um outro tipo de experiência cinematográfica marcante, talvez um pouco mais sutil, proporcionada por filmes que partem de uma idéia tão original, tão impactante que essa sacada inicial acaba se tornando quase independente do filme. Lembramos dessa idéia mais do que da trama em si – às vezes somos perseguidos por ela. Eu dou dois exemplos, você vê se faz sentido. O primeiro é *Peggy Sue – seu passado a espera*, de Francis Ford Coppola.

Peggy Sue é uma dona de casa que tem a chance de voltar aos tempos de colégio e reescrever sua vida, sabendo no que cada decisão errada iria dar e contando com toda a experiência acumulada ao longo dos anos.

É evidente a universalidade dessa fantasia. Todo mundo já fez o exercício de ficção de imaginar como seria ter a chance de fazer tudo de novo sabendo o que sabe agora, disparando respostas rápidas e inteligentes que não ocorreram nos momentos certos, escapando das roubadas, testando opções menos óbvias e mais corajosas. Para mim, depois do filme, esse tipo de fantasia ganhou um nome: são momentos "Peggy Sue".

Outro exemplo, menos conhecido: *Depois da vida* (*Wandafuru Raifu*, 1998), do diretor japonês Kirokazu Kore-eda. A idéia é a seguinte: num local entre o Céu e a Terra, pessoas que acabaram de morrer devem vasculhar suas memórias em busca de um momento inesquecível de suas vidas. A passagem escolhida será recriada num filme – a única lembrança que esse pessoal vai levar para o Paraíso.

O barato dessa história é que é impossível sair do cinema sem ficar imaginando que raio de momento a gente escolheria para levar para a eternidade. A dúvida pode durar dias, semanas, a vida inteira. Como os personagens do filme, ficamos divididos entre os grandes eventos (nascimentos, casamentos, viagens) e situações aparentemente banais que condensam uma carga de emoção ou revelação tão forte que mais ou menos definem o sentido que cada um de nós empresta ao termo felicidade – o que não é pouca coisa.

Eu já escolhi o meu, mas pretendo mudar de idéia ainda várias vezes até os 45 do segundo tempo. É impressão minha ou você já começou a pensar no seu também?

5/6/2004

Wo-o-o *Feelings*

O uve-se um compacto "óóóóó" na platéia, seguido pelo rumor quase imperceptível de mãos que se procuram no escuro. Alguns espectadores, não poucos, vão além do carinho discreto: tomam fôlego, apertam os olhinhos e abandonam-se num beijo que se prolonga até o último acorde da canção. Estamos na estréia do novo show de Caetano Veloso, em São Paulo. O repertório inclui alguns dos compositores mais sofisticados que a música popular já produziu – Cole Porter, George Gershwin, Noel Rosa e o próprio Caetano entre eles. Mas o que derrete a platéia, o que puxa a sinfonia de suspiros e inspira a interpretação mais rasgada do cantor é um clássico da pieguice nacional em idioma estrangeiro. Se você cantarolou o título lá em cima, é provável que já tenha dançado "Feelings" de rostinho colado. Para os outros, um pequeno recuo histórico.

Depois de ficar seis meses nas paradas brasileiras em 1974, o tema romântico da novela *Corrida do ouro* chegou patrolando as rádios americanas no ano seguinte. Morris Albert, nascido Maurício Alberto Kaiserman, recebeu quatro indicações ao Grammy por essa música com letra em inglês que ele compôs aos 22 anos e que até hoje é tida como a mais gravada da história desde "White Christmas": antes de Caetano, Julio Iglesias gravou, Gloria Gaynor, Henry Mancini, Johnny Mathis e Sarah Vaughan também – até a Mulher Biônica cantarolou a musiquinha num dos episódios da série. Aos 52 anos, Morris Albert deve estar até agora tentando entender o que o mundo inteiro viu (ou ouviu) numa canção embalada por versos tão profundos quanto estes: "Sentimentos/ Nada mais que sentimentos/ Estou tentando esquecer os meus/ Sentimentos de amor/ Lágrimas/ Estão rolando em meu rosto/ E estou tentando esquecer os meus/ Sentimentos de amor."

Amor sem "as nossas músicas" é como filme sem trilha sonora – pode até funcionar, mas perde um tantão da graça. A canção de amor mais bonita que eu conheço chama-se "Valsa brasileira" e é do Chico Buarque. Começa assim: "Vivia a te buscar / Porque pensando em ti/ Corria contra o tempo/ Eu descartava os dias/ Em que não te vi/ Como de um filme/ A ação que não valeu/ Rodava as horas pra trás/ Roubava um pouquinho/ E ajeitava o meu caminho/ Pra encostar no teu."

Mas como música e paixão são artes sinuosas, jamais dancei de rostinho colado ouvindo "Valsa brasileira". Talvez o clima de romance combine melhor com melecas como "Feelings" mesmo – vai entender por quê. Em um de seus poemas mais conhecidos, Fernando Pessoa nos dá uma pista: "Todas as cartas de amor são/ Ridículas./ Não seriam cartas de amor se não fossem/ Ridículas."

Sentimentos, wo-o-o, sentimentos. Nem sempre é preciso, ou possível, dizer muito mais do que isso.

12/6/2004

Efeito **susto**

Era uma dorzinha banal, mais um incômodo do que uma dor. Nada que tivesse alterado significativamente a rotina daquela noite – tão igual a tantas outras da semana anterior ou da seguinte que parecia destinada a ser esquecida, ou melhor, compactada em um arquivo abarrotado de noites igualmente indistintas. Paro diante do espelho para uma investigação mais cuidadosa da área dolorida. Dois minutos depois, a dorzinha ainda está lá, mas nada mais é banal no meu quarto. Uma espiral de pensamentos tão trágicos quanto incoerentes tomou conta do ambiente. Aquela não era mais uma noite para ser esquecida. Para sempre eu iria lembrá-la como "a noite em que eu descobri um caroço no seio".

Se você já esteve lá, sabe do que estou falando: quem passa por uma experiência dessas visita uma outra dimensão da realidade, um lugar tenebroso em que nada ao redor parece importar e tudo o que se ouve são os próprios pensamentos desconexos. No meu caso, o estado de pânico durou menos de 24 horas – o tempo de fazer uma consulta e descobrir que o caroço mortal não passava de um cistinho medíocre, uma ervilhinha frágil que foi dissolvida pelo médico com uma agulhada rápida e indolor. Mas aquelas poucas horas de expectativa foram suficientes para que eu vislumbrasse a capacidade de arrebatamento do "efeito susto".

A gente lê sobre isso, ouve histórias, mas, na hora, nada faz muita diferença. Como em tantas outras situações em que você é obrigado a desempenhar um papel novo, ninguém tem muita certeza de como vai reagir. Vai chorar toda a madrugada? Vai terminar o jantar e assistir ao *Jornal Nacional*? Vai ligar para alguém? Para quem a gente liga quando está com medo de morrer? Nesses momentos, alternam-se os sentimentos mais grandiosos e as reações mais patéticas. Somos generosos ao pensar em quem vai sofrer com a nossa ausência, mas absolutamente egoístas na urgência de eliminar o sofrimento – se um comprador de almas passasse na frente lá de casa naquela hora, teria comprado a minha pelo tostão que tivesse no bolso.

No último domingo, tive o flash de uma sensação que me pareceu quase tão apavorante quanto essa que eu acabo de descrever: um "efeito susto" em escala planetária. Uma reportagem

Agora eu era   **(69)**

no *Fantástico* sobre o novo livro do ambientalista britânico James Lovelock, guru dos ecologistas e conhecido pelas suas teorias apocalípticas, mostrava que o aquecimento global pode ter chegado a um ponto em que as catástrofes tornaram-se simplesmente inevitáveis, ou seja, não adianta mais ser bonzinho e caprichoso com o planeta – o pandemônio meteorológico já é irreversível. O *Fantástico*, claro, tratou de me acalmar logo em seguida: a tragédia não é para este fim de semana ainda. Ufa. Mas eu não pude evitar de concluir que, no fim das contas, se a gente for bem honesto, um cistinho medíocre pode ser muito mais assustador do que todo o efeito estufa.

28/1/2006

Os **cauboizinhos**

Como um adolescente comprando seu primeiro pacote de camisinhas, o senhor a minha frente na fila parecia mortalmente constrangido. Olhou para os lados, olhou pra mim, olhou para baixo. E foi assim, com os olhos cravados no carpete acolchoado do shopping, que ele sussurrou para o paciente funcionário atrás do vidro blindado:

– Me dá dois aí, praquele filme... o dos cauboizinhos.

Existem filmes muito bons e muito comentados, e outros, igualmente bons, que passam quase clandestinamente pelos cinemas. Há ainda uma terceira categoria, na qual se inclui *O segredo de Brokeback Mountain,* formada por filmes que valem mais pelo barulho em torno do que pela trama em si. O grande favorito ao Oscar deste ano conta uma história de amor em tudo convencional – não fosse o fato, nada desprezível, de que os dois protagonistas são do mesmo sexo e exercem uma profissão usualmente associada à virilidade.

Já que a história não me impressionou tanto, fiquemos com o meu vizinho de fila e o tom com que ele se referiu aos "cauboizinhos". Aposto cem cabeças de gado que todas as vezes em que você ouviu comentários sobre *Brokeback Mountain* nos últimos dias eles vieram acompanhados do mesmo "tom" ou de alguma piadinha, certo? O filme se estende dos anos 60 aos 70 – e não estrago muito a surpresa se disser que a história não termina bem para os dois rapazes apaixonados nos grotões mais conservadores dos Estados Unidos. Mas não é curioso que, 40 anos e uma revolução sexual depois, o homoerotismo ainda desperte tantos risos nervosos? E nos meios mais intelectualizados? Na época em que você está lendo este texto, até políticos, o último bastião da hipocrisia, têm assumido sua homossexualidade em público, mas o assunto ainda é tratado, em alguns ambientes, como se não se soubesse hoje mais do que se sabia 40 anos atrás. As trevas, em suas inumeráveis formas, ainda são as primeiras a sair do armário quando o assunto homossexualismo vem à tona.

Usei a expressão "trevas" porque me parece perfeita em oposição a tudo que envolve civilidade e esclarecimento. Poderia usar a palavra "preconceito", se ela já não soasse tão gasta e esvaziada pelo excesso de uso. Mas a reação de algumas pessoas a esse filme poderia ser definida com um termo bem mais feio e assustador:

"homofobia". Às vezes, risinhos nervosos são, vá lá, apenas risinhos nervosos, um jeito atrapalhado e pouco educado de lidar com a diferença – descortesia que a maioria das pessoas que eu conheço está mais ou menos sujeita a cometer no dia-a-dia. Às vezes, infelizmente, são coisa bem pior.

11/2/2006

Intuição

Como os neurocirurgiões e os maestros, os hackers e os malabaristas de circo, as pessoas com vocação para ganhar e multiplicar dinheiro têm um talento que eu considero absolutamente misterioso. É quase como se elas pertencessem a uma outra categoria humana – uma categoria muito ampla, é verdade, formada pela vasta legião de criaturas abençoadas por dons que eu considero tão espantosos quanto a capacidade de enxergar através do chumbo.

E só mesmo a minha curiosidade por culturas exóticas de todos os tipos – e uma secreta esperança de um dia herdar uma fortuna de um parente desconhecido – pode explicar o fato de eu ter percorrido até o fim uma reportagem da revista *Exame* em que empresários e executivos revelam suas "regras de ouro" para o sucesso no mundo dos negócios.

(74) Cláudia Laitano

Levando-se em conta que as tais "regras de ouro" são todas mais ou menos conflitantes entre si, a primeira grande conclusão a que se chega lendo essa reportagem é que rico não entrega o jogo assim tão fácil. Um recomenda "aposte no bom senso", o outro decreta: "nunca ache nada". Um diz que é preciso ouvir os "bons oráculos", o outro manda ter "cuidado com as boas idéias". Há ainda os que conseguem condensar toda uma biblioteca de livros de auto-ajuda em uma única e singela frase: "Nunca se desespere por causa de um dia ruim, nem tome decisões embalado por um dia bom." Mas a máxima que mais me chamou a atenção foi simples assim: "Acredite em sua intuição."

O lance é que a intuição parece ser a onda da hora entre os executivos. E para me provar que profissão não é desculpa para ser durango, foi justamente um jornalista o primeiro esperto a "intuir" que o assunto podia dar dinheiro. Best seller nos EUA, *Blink – A decisão num piscar de olhos* está repetindo o sucesso por aqui.

Divertido e bem escrito, o livro de Malcolm Gladwell mostra que aquela sensação de "sei o que fazer, mas não sei por quê" é mais inteligente do que parece. Com exemplos do mundo das artes, da política e dos negócios, Gladwell demonstra que julgamentos instantâneos, embasados em conhecimentos acumulados, podem ser mais eficazes do que exaustivas análises de toneladas de informação. "Não pense, pisque", aconselha Gladwell. Gostei.

O problema é que a coisa parece funcionar bem mesmo apenas naquilo que a gente já conhece. Quer dizer: se eu usar a minha intuição para investir na Bolsa de Valores muito provavelmente não vai adiantar nada. O remédio é continuar sonhando com a herança do parente rico.

18/2/2006

A partícula *enta* (1)

Começou na virada do ano. Melhor: desabou sobre a minha cabeça na virada do ano. Todo mundo pulando ondinha, comendo sete uvas, raspando o prato de lentilha fria, e eu mesmerizada por um único número: 40, 40, 40, vou fazer 40, enta, enta, enta... O primeiro problema com idades redondas é que é impossível ignorá-las. Porque mesmo quando assinalam transições aparentemente demasiado abruptas no ciclo da nossa vida, datas redondas são um pit stop obrigatório, uma oportunidade rara, no período relativamente curto de uma existência, para fazer o necessário balanço moral-afetivo-profissional-sexual da década que passou. Se o resultado for positivo, nos sentimos à vontade para prosseguir na corrida com aquela pose de rainha da Inglaterra acenando para os súditos com a mãozinha em concha: "Não nasci ontem, viu, mas reparem só aonde eu cheguei."

Se, ao contrário, você não ficar muito satisfeito com o resultado, meio deprimido até – "devia ter feito mais", "como é que não fiz isso ainda?", "nunca mais me meto nessa"... –, bom, melhor perceber isso agora do que daqui a 10 anos, não é mesmo?

O segundo problema com idades redondas é que elas costumam chegar pelo menos uns 10 anos antes de a gente estar preparado para elas. À meia-noite e um minuto do primeiro dia deste ano, portanto, eu já tinha dois problemas para equacionar ao longo dos cinco meses seguintes: decidir como comemorar a nova idade com toda a cerimônia que a data redonda merece (baile? porre? missa?) e aprender a conviver com a chegada do "enta" sem perder totalmente a esportiva.

O primeiro problema foi fácil de resolver. Viajar me pareceu uma solução rápida e indolor: você pega o avião, some por uns dias e na volta ninguém nem lembra o motivo do desaparecimento. Claro que a idéia de dar um festão, beber e dançar sem vergonha de dar vexame e perder o fôlego assoprando uma quantidade indecente de velinhas tem seu apelo faraônico em termos de rito de passagem. Mas dar festa dá muito trabalho, sem falar que você é obrigado a aturar os comentários ameaçadores dos amigos mais velhos ("Quarenta? Isso não é nada...") e o olhar piedoso – supostamente consolador – dos mais novos ("Nem parece, viu, tia?"). Não, não, o melhor é sumir e depois abarrotar os e-mails dos amigos com imagens digitais escolhidas a dedo com o único e estudado objetivo de provar que você se divertiu muito no dia do aniversário e não está nem aí para o diabo da data redonda.

E o segundo problema? Será que a colunista vai sobreviver ao ataque insidioso da partícula "enta" sem perder o rebolado?

(Continua na semana que vem.)

2/5/2006

A partícula *enta* (2)

Escrever uma coluna em duas partes é uma sinuca na qual não pretendo voltar a me meter tão cedo. E fica pior ainda quando o assunto é surrado e facilmente descamba para o terreno do lugar-comum e da obviedade. Por que então contrariar todo o meu juízo e senso de autopreservação de leitores retornando ao tema iniciado na última semana? Porque é isso, enfim, o que nos diferencia dos mais novos: aos 40, a gente nunca desperdiça oportunidades.

É verdade que as pessoas vêm completando 40 anos já há algum tempo, e que quase tudo já se disse, mas o fato é que os 40 anos de hoje têm lá suas peculiaridades. Sempre é um pouco pretensioso imaginar que a nossa época está inaugurando novos horizontes, mas pior do que a inevitável pretensão à originalidade – de um jeito ou de outro, a gente sempre acha que está inventando a roda – é não perceber as mudanças ao redor. Minha sensação é que a nossa geração está, sim, em um certo sentido, inventando a roda, porque talvez nenhuma outra tenha os dois pés tão plantados na ilusão de uma adolescência infinitamente prolongada – com tudo que isso implica tanto em termos de liberdade para construir modelos menos tradicionais quanto em dificuldade para aceitar os inconvenientes da vida adulta. Nosso destino talvez seja sermos surpreendidos pela aposentadoria enquanto assistimos a um seriado da Warner Channel com os pés em cima do sofá e os amigos em volta – o que, sou obrigada a confessar, não me soa tão mal assim.

Para resumir o irresumível, o que eu queria dizer é o seguinte: não é bolinho envelhecer em um mundo sem modelos, sem papéis muito definidos, sem os caminhos da geração anterior apontando uma direção que nos faça sentido. Numa época em que tudo é permitido e quase tudo é obrigatório – ser jovem, bonito e feliz, muito feliz, feliz como só se é antes da primeira decepção com a vida –, é preciso um esforço tremendo para não perder a noção nem cair no ridículo. Óculos pra perto, cabelo branco, menos agilidade para subir escadas, tudo isso dá para tirar de letra. O complicado, sempre – nessa e em qualquer idade –, é inventar um jeito de ser o melhor que a gente pode ser, aprendendo a ser generoso com o gênero humano em geral e com os que estão perto em particular, enfrentando os sofrimentos inevitáveis com coragem e serenidade e lembrando de sempre deixar uma janelinha aberta, nem que seja uma basculante, para as idéias que contrariam tudo que a gente dava como absolutamente certo até cinco minutos atrás. Para tudo isso, provavelmente estamos muito mais equipados aos 40 do que em qualquer outro momento – e, o que é melhor, ainda com fôlego para subir e descer escadas.

É ou não é motivo para comemorar? Estou convencida que sim. Então, tintim para nós e para todos os outros que vão continuar essa história.

13/5/2006

Angústia do *status*

No meu tempo de colégio, e provavelmente no da minha avó também, existia uma hierarquia mais ou menos evidente consagrando as meninas mais bonitas, as mais inteligentes, as mais carismáticas, as mais ricas. Como raras, se é que existiam, eram as que brilhavam em todas as categorias, não lembro de nenhuma colega em especial que fosse invejada por todas unanimemente. Invejava-se o cabelo de uma, a casa na praia da outra, a nota em Química de uma terceira. Também não lembro de a falta de beleza, ou de dinheiro, ou de inteligência, ter sido motivo de maus-tratos ou humilhação pública de ninguém. Eu não confiaria cegamente no meu senso de observação aos 15 anos, mas o fato é que são assim, meio mornas, que estão arquivadas todas as minhas memórias da época de escola. Nada tão bom que desperte saudade, nada tão ruim que assombre minha vida adulta – e, cobrindo tudo, uma vaga sensação, nunca totalmente descartada, de que eu não estava me divertindo tanto quanto deveria.

Olhando assim, minha vida foi um filme iraniano comparada às comédias adolescentes de hoje em dia. Se você tem filhos, ou simplesmente é masoquista o suficiente para assistir a esse tipo de filme sozinho, sabe a fórmula de todos eles: "alunos comuns", não necessariamente esquisitos ou desajustados, são torturados pela turma dos "populares" – todos tão loiros, lindos e fúteis quanto sádicos, cruéis e invejados. O tal aluno comum sonha secretamente em ser popular, mas logo percebe o valor de ser autêntico e ter caráter. Final padrão: aluno comum se dá bem, "popular" acaba com um balde na cabeça. E todos saem vingados do cinema.

Essa fórmula é tão onipresente, e às vezes tão delirante, que até mesmo a Barbie – a Barbie! – é desprezada pelos "populares" em sua última aventura teen, *O diário de Barbie*. Mas se a Barbie – a Barbie! – não é popular, quem seria? Criaturas ainda mais inverossímeis do que ela, suponho, mas nem por isso menos idealizadas e invejadas pelos que têm espinha, acordam com o cabelo ruim e vivem se arrependendo mortalmente das bobagens que deixaram escapar – quer dizer, todo mundo. O "conteúdo moral explícito" desse tipo de filme obviamente faz o elogio do caráter e da lealdade, mas o "conteúdo latente", digamos assim, revela a importância que o status e as manifestações externas de poder têm no mundo para o qual esses jovens espectadores estão sendo preparados.

Essa "angústia do status" é o tema de um livro fantástico de Alain de Botton. *Desejo de status* analisa a sufocante necessidade de ser bem-visto pelos outros e mostra como e por que a autoimagem tornou-se tão dependente assim da opinião que os outros têm. E, por incrível que pareça, não é dos adolescentes inverossímeis das comédias americanas que ele está falando.

3/6/2006

Mulheres com H

Barbie sofreu uma derrota histórica lá em casa esta semana. Com a gravidade que só as meninas de quase seis anos e os atores que dublam Deus em filmes bíblicos conseguem emprestar à voz nos momentos certos, minha filha anunciou a novidade entre uma garfada e outra de miojo:

– Não quero mais a Barbie no meu aniversário.

Você que não tem filhas pequenas não imagina a guinada ideológica que estava em curso ali na mesa da minha cozinha. A começar pela quebra de protocolo: uma vez decidido o tema da festa, minha metódica aniversariante costumava manter a fidelidade partidária até o fim, colocando interesses mais recentes em uma rigorosa lista de espera – já organizada, pelas minhas contas, até mais ou menos 2013. Mas isso não era o mais surpreendente. A pequena revolução residia no fato de que a linda, loira e

(86)   Cláudia Laitano

muda Barbie – uma unanimidade entre as meninas como só Chico Buarque entre as mulheres – estava sendo desbancada por uma pirralha de cabelos desgrenhados: Hermione, a bruxinha inteligente, leal e corajosa da série Harry Potter.

Nós, as gurias que brincamos de Suzi nos anos 70, nunca toleramos a Barbie, com seu corpo de atriz pornô americana e roupas de gosto duvidoso, mas nem foi por isso que eu abri um danete para comemorar aquele momento.

Na verdade, estava em jogo ali – disfarçado na necessidade prosaica de escolher a decoração da mesa de uma festinha – um complexo embate entre ideais femininos. De um lado, a beleza perfeita da boneca e a compreensível fantasia de meninas de todas as idades de desfilar pelo mundo com um rosto de princesa. Do outro, a tenacidade de Hermione, uma personagem criada por uma escritora da geração pós-feminismo, a inglesa J.K. Rowling, que colocou na melhor amiga de Harry Potter qualidades que todas as mulheres são capazes de perseguir, tenham ou não nascido abençoadas pela natureza.

Naquela mesma noite, lendo a descrição da beleza de Helena no fabuloso *Tróia* do professor Cláudio Moreno, fiquei imaginando como devia ser a sensação de ser assim tão linda e ao mesmo tempo tão pouco dona do seu nariz arrebitado como aquela mulher disputada por gregos e troianos. Quase pegando no sono, me dei conta de uma coincidência que me pareceu fantástica na hora: Hermione é o nome da filha de Helena, a menina que ela deixa em Esparta para seguir o bonitão Páris, dando início a toda aquela história que você conhece.

Pois aquela Barbie dos tempos heróicos pariu e abandonou uma pequena Hermione, da qual não se teve muitas notícias desde então. Pelo menos até ela reencarnar na Inglaterra dos nossos tempos, dando nome ao ídolo de uma nova geração de mulheres – que, se os deuses conspirarem a favor, talvez ensinem suas mães a dar à beleza o valor simbólico que ela realmente tem.

19/6/2004

Memórias *roubadas*

Sabe aquelas gavetas em que você guarda tudo que não tem coragem para jogar fora ou simplesmente não sabe mais onde pôr? Restos de aparelhos que não funcionam mais, um brinco sem par, a garantia do secador. Uma página do caderno de turismo com todas as informações sobre o Egito – nunca se sabe. Lápis sem ponta, cartões de visita, um rosário. Um bilhete banal de alguém que já foi importante. Botões, todo tipo de botões. Pois é nesses inesgotáveis almoxarifados existenciais que costumam ir parar as fotografias antigas.

Não as melhores – as que merecem os álbuns, os porta-retratos, as paredes da sala. As fotos que vão para a gaveta normalmente são aquelas que deram meio errado – mas não tanto a ponto de serem descartadas.

Ou são meio mancas de contexto: o churrasco da firma, o

batizado do filho de um conhecido, uma amiga muito sorridente num café em Amsterdã, ex-namorados. Toda essa gente que não se conhece vai ficando ali, entre um talão de cheques usado e um pacote de lenços de papel pela metade, aguardando pacientemente uma sentença sobre o seu destino. E o tempo passa, a tralha se acumula, transborda para a gaveta de baixo. Até que chega o dia em que a faxina se torna inadiável. E que boa surpresa é reencontrar a amiga que não voltou mais ao Brasil, o ex-namorado ainda com cabelos, você mesmo 10 anos antes, numa pose que, pensando bem, nem era tão ruim assim.

Não sou do tipo que tem saudades do vinil, do telefone com discador ou do elevador com pantográficas. Mas ninguém me convence de que a tecnologia das câmeras digitais não está roubando memórias do futuro. Todo o princípio – muito racional e lógico – dessas câmeras é baseado no erro zero. A foto ficou boa? Ótimo. Não ficou? Delete. Aqui no jornal já é assim. O fotógrafo sai para a rua, faz 30 ou 40 fotos, sei lá, e no caminho de volta já vem selecionando o que fica e o que vai para o espaço. Tudo muito racional, muito lógico. O problema é que o que hoje é secundário, descartável, daqui a 20 ou 30 anos, ou mesmo na semana que vem, pode ganhar todo um novo significado, talvez impossível de ser percebido com os olhos de hoje. A história às vezes insiste em se construir a partir de material altamente deletável.

Não sei como serão as gavetas bagunçadas do futuro. Talvez em vez de retratos desemparelhados empilhem-se CDs muito organizados, cheios de fotos muito planejadas. Talvez daqui a cinco anos nem os CDs existam mais – vai saber. O certo é que o erro, o acaso, a aparente banalidade gravada naquelas velhas fotografias soltas na gaveta estão seriamente ameaçados. E junto com eles um bom pedaço da nossa própria história.

3/7/2004

Paratodos

"E claro, o Chico Buarque." O Verissimo terminou assim a crônica da última quinta. Se você leu, está por dentro de todas as informações realmente relevantes sobre a Festa Literária de Parati (Flip), que reuniu um dream team da literatura na esquina do Brasil onde o Rio vira São Paulo e o século 18 tem cibercafé e feirinha hippie.

"E, claro, o Chico Buarque" resume, por elipse, o estrago que a presença do Chico fez na Flip. Senhoras muito compostas, senhores sisudos, adolescentes para quem "A banda" é apenas o som que eles andam escutando em MP3: ninguém escapou do fuzuê causado pela proximidade de Chico. E era um tal de furar a fila, empurrar o vizinho e dar safanão para chegar mais perto do ídolo como eu nunca vi antes – e olha que eu já assisti a shows de rock em moquiços que a minha mãe nem sonha. É difícil imaginar um outro personagem capaz de causar tanta comoção em um público como aquele.

Paul Auster é um dos autores mais festejados da literatura contemporânea. Bonitão, roteirista de cinema, um arrasa-quarteirão em qualquer circunstância. Ao lado do Chico, ficou com o apelo pop de Olavo Bilac. O que não significa que o público da Flip fosse uma plebe ignara, deslumbrada com a presença de um cantor famoso e indiferente aos debates literários. Parati apenas reagiu com a paixão e a devoção que o Brasil bem-alimentado tem por Chico Buarque. Uma paixão represada em cinco anos de poucas entrevistas e nenhuma turnê e renovada pela bem-sucedida incursão do compositor na literatura – *Budapeste* é um grande livro e não apenas um bom livro de um cantor famoso. Atire a primeira pedra na Geni quem não ficaria deslumbrado diante desse sujeito.

Vai daí que eu não era só eu quando o acaso, e alguma iniciativa, me colocaram a dois centímetros do Chico. Eu era todas as mulheres. Todas as brasileiras que nunca vão chegar tão perto dele. Todas e mais as minhas amigas e conhecidas. Minha missão era reparar em cada detalhe.

E foi o que eu fiz. Não por mim, mas pela pátria. Chico tinha acabado de deixar o vestiário para onde escapuliu depois de uma pelada com os amigos. Cercado por jornalistas, calhou de eu ficar bem do ladinho dele. Tão do ladinho, mas tão do ladinho, que eu

Agora eu era

mal conseguia levantar a cabeça. Durante alguns segundos que me pareceram intermináveis, fui obrigada a ficar olhando para aquele par de pés famosos enfiados em confortáveis havaianas cor de anil – num nível de intimidade a que nem minhas fantasias mais delirantes haviam me levado.

Lá debaixo, dois dedões prosaicos, com unhas marcadas por anos de chutes a gol e talvez algum princípio de fungo, me lembraram os versos de uma velha canção – do próprio Chico, quem mais?: "Procurando bem/ Todo mundo tem pereba." E, como sempre, fez todo o sentido.

17/7/2004

As *mães* e as **cachorras**

O gurizão magrela nem tem voz de homem feito ainda, mas passa pensando em sexo. Como qualquer cara da idade dele, é obcecado pela idéia de transar – muito, sempre, mais que os amigos e, de preferência, com as gurias mais bonitas da turma. Para isso, é fundamental saber o que anda pegando bem com a mulherada. Carro, diploma, papai rico, rostinho de anjo – tudo isso costuma funcionar muito com o sexo oposto, mas essas não são exatamente as mercadorias mais disponíveis na área. Nos bailes funk cariocas, cara de mau, tênis de marca e uma arma potente enfiada no calção puído têm mais ou menos o mesmo efeito de sedução. Esse é um dos detalhes revelados pelo documentário *Falcão – meninos do tráfico*, exibido durante o *Fantástico* do último domingo. Um detalhe aparentemente secundário, levando-se em conta o tamanho do problema, mas que dá origem a um

Agora eu era

curioso contraponto entre as figuras femininas dominantes no entorno dessa guerra civil urbana. De um lado, as mães, as únicas pessoas que impõem algum respeito sem precisar de armas. Mulheres que criam os filhos sozinhas depois que o pai morreu ou deu no pé; matriculam o filho na escola, mesmo que ele nunca freqüente, e acreditam que vale a pena trabalhar de doméstica ou de balconista mesmo que a grana às vezes não dê conta das necessidades básicas e muito menos dos sonhos de consumo das crianças. Pois essas mulheres que ralam para que os filhos escapem do tráfico, porque sabem que o emprego é temporário e 100% mortal, convivem e são mães de garotas que fazem o movimento exatamente contrário. Para as "cachorras" – meninas que serpenteiam ao ritmo do funk seduzindo e sendo seduzidas por garotos armados e perigosos –, a companhia do carinha que faz e acontece na área é um sonho de consumo – uma ilusão tão tola e romântica como a que move qualquer garota dessa idade, mas de conseqüências muito mais graves. O paradoxo desse jogo é evidente: a cachorra de hoje está condenada a chorar o companheiro ou o filho morto muito antes do que imagina. Mas outra ilação possível é a íntima ligação entre a sensualidade exacerbada dos bailes funk e a falência absoluta do conceito de família. Pois o vínculo entre a cachorra e o jovem traficante costuma ser tão tênue, de uma sexualidade tão urgente e desesperada, que não sobrevive nem mesmo ao intervalo que separa esses garotos da morte ou da prisão. Os meninos do tráfico são crias de um Estado ausente, falhado, que abriu flanco para um poder paralelo. E esse poder desempenha também as funções de um pai que sumiu. Falcões são garotos sem futuro – e sem passado também.

25/3/2006

O *sentido* da vida

Seja legal com as pessoas, evite gorduras, leia livros bons de vez em quando, faça caminhadas e tente viver em paz e harmonia com pessoas de todos os credos e origens. Era essa a conclusão bastante razoável a que chegava o grupo Monty Python no final do filme *O sentido da vida* (1983), uma gozação a respeito da eterna busca por uma "moral da história" da existência humana.

Em um texto que Pedro Bial tornou popular no Brasil no ano passado, a jornalista americana Mary Schmich sublinhava a importância do uso de filtro solar e lembrava que não adianta esquentar muito com o futuro ("As encrencas de verdade de sua vida tendem a vir de coisas que nunca passaram pela sua cabeça preocupada e te pegam no ponto fraco às quatro da tarde de uma terça-feira modorrenta"). Em *Macbeth*, Shakespeare encerra a questão: "A vida é uma história contada por um idiota, cheia de som e fúria, significando nada."

Dos bilhetinhos de biscoito chinês aos filósofos gregos, do horóscopo do dia à grande literatura, do papo na mesa de bar à reflexão individual mais profunda, o sentido da vida é a pergunta escondida em todas as outras perguntas.

Mesmo que a gente não perceba, nas mínimas decisões cotidianas estamos montando o quebra-cabeça que vai revelar quem somos, para onde gostaríamos de ir e como queremos fazer a viagem. Mas será que isso tudo pode fazer algum sentido no final? E, se fizer, vai dar tempo de anotar e passar adiante?

Em *Por um fio*, o oncologista Drauzio Varella relata experiências com pacientes terminais recolhidas ao longo de mais de 30 anos de profissão. Ele confessa que no início da carreira imaginava que talvez fosse capaz de compreender melhor o tal "sentido da vida" se ficasse atento aos momentos finais de seus pacientes. Com o tempo, descobriu a ingenuidade dessa expectativa e percebeu como são complexas e essencialmente impossíveis de serem compartilhadas as sensações das pessoas que estão perto da morte. Resulta que seu livro não investiga o sentido da vida ou lamenta a falta de sentido da morte.

Também não é um livro triste, apesar de todas as histórias dramáticas que o autor nos conta com delicadeza comovente *Por um fio* fala de pessoas diante de uma situação-limite – a perspectiva da própria morte ou a de alguém muito próximo –, revelando nesse doloroso percurso grandeza ou mesquinhez, coragem ou covardia, revolta ou submissão, egoísmo ou generosidade. Os motivos por que, em determinado momento, tomamos um caminho e não o outro talvez sejam tão insondáveis quanto o próprio sentido da vida.

14/8/2004

Chic, chique, **xique**

Sempre achei a expressão "chique" meio assim, sei lá, não-chique. Não consigo evitar: sempre lembro da Severina Xique-xique, aquela que "montou uma butique para a vida melhorar". (E penso também em piteira, em estrogonofe, em solos de sax, e em outras coisas que um dia alguém achou chique e depois deixou de achar.)

Aí eu me pergunto: o que será que o Genival Lacerda achava chique na tal da Severina ou em outra qualquer? A roupa? O jeito de andar? A pronúncia caprichada? Os modos com os talheres? E é aí que está o problema. Chique é um conceito tão vago que, dependendo de onde se olha, pode significar virtualmente qualquer coisa – e refletir antes uma construção individual do que propriamente um atributo concreto. O chique, como o chato, não existe como entidade absoluta. (O que não impede que cada um lembre de uma criatura muito real quando pensa em chatos ou em pessoas chiquérrimas.)

Ser ou não ser chique é uma qualidade que – mais evidentemente do que qualquer outra – só faz sentido de fora para dentro, isto é, a partir da imagem que passamos para os outros. Meu palpite é que a ninguém intelectualmente esclarecido ocorreria, entre tantas possibilidades, definir-se como "uma pessoa chique". Parece tolo empacotar uma série de atributos independentes entre si – educação, poder aquisitivo, informação, bom gosto, respeito com o semelhante... você monta o pacote – sob um único rótulo. E ainda correr o risco de o Genival não entender bem do que você está falando.

Pois foi assim, pensando na Severina, que eu abri *Chic(érrimo) – Moda e etiqueta em novo regime*, da consultora de moda Glória Kalil. Fui surpreendida por um texto leve, bem-humorado e genuinamente interessado em entender a época em que vivemos. Ninguém que comprar o livro para aprender a diferença entre "passeio completo" e "tenue de ville" vai perder dinheiro – estão todas lá, as regras clássicas de etiqueta e suas releituras modernas. Mas também é possível ler Glória Kalil como um ensaio sobre a civilidade e o que ela significa nos dias de hoje.

Gosto particularmente do trecho em que Glória garante que chique, mas chique mesmo, é se comportar bem quando nenhum conhecido está olhando – no caixa do súper ou em meio ao trânsito mais furioso.

Não sei sobre a Severina, mas pra mim essa regrinha já faz toda a diferença.

11/9/2004

O **vingador** *mascarado*

Em uma semana que teve até perseguição de capivara no Arroio Dilúvio, a imagem que mais me chamou a atenção nos últimos dias foi a de Batman mal-ajambrado equilibrando-se do lado de fora do palácio da rainha Elizabeth. A imprensa do mundo todo tratou o episódio como um alerta sobre a falta de segurança em locais aparentemente inexpugnáveis e coisa e tal, mas a ficha que caiu pra mim foi outra. Acontece que aquele vingador mascarado com princípios de barriguinha e uma evidente ausência de atributos físicos para o posto de super-herói era na verdade um ativista do movimento Fathers 4 Justice (Pais pela Justiça), uma organização criada com o objetivo de modernizar as leis da Inglaterra no que diz respeito ao direito dos pais de manterem uma convivência regular e tranqüila com os filhos depois da separação.

Inspirados pelas extravagantes manifestações do Greenpeace, principalmente nos anos 80, quando chamar a atenção para questões ecológicas exigia alguma estridência, os membros do Fathers 4 Justice já se vestiram de Papai Noel, de Homem-Aranha e se penduraram em pontes e andaimes – o que revela não só uma ilimitada paixão pela causa e uma cara-de-pau sem tamanho, mas uma enorme habilidade para tirar partido da previsibilidade da mídia. "O plano era nos empurrar de volta para as manchetes", explicou Jeff Skinner, coordenador do Fathers 4 Justice. Simples assim. E do *The New York Times* à *Gazeta de Arapiraca* todo mundo caiu na armadilha do Batman.

Mas esse é outro assunto. O que eu queria dizer é o seguinte: organizações como o Fathers 4 Justice e seus similares nacionais (confira no site www.apase.org.br) são a conseqüência natural, e bem-vinda, de todo o movimento de liberação feminina – que começou lá mesmo na Inglaterra, por volta de 1860, com as primeiras sufragistas. A conta me parece lógica: mulheres com novas funções na sociedade geram famílias com novas configurações, que por sua vez geram homens com novos papéis também. Demorou um pouquinho, mas parece que o trem da história (dos gêneros) acaba de receber novos passageiros.

E a causa em questão não poderia ser mais justa. É difícil admitir que a mesma mãe que se preocupa em matricular o filho na escola mais bacana da cidade e em cobri-lo de roupas caras seja capaz de achar normal que uma criança perca contato com o pai e o lado de lá da família – por mais complicada que seja a relação do casal separado. Para isso existem as leis: para que as paixões não sufoquem o bom senso. Aceitar que a lei tenda, na prática, a considerar o amor paterno como um amor menor deveria ser inadmissível a estas alturas do campeonato. Aqui, em Gotham City ou no Palácio de Buckingham. Acho que era isso que o Batman estava tentando dizer antes de o Comissário Gordon carregá-lo para o xilindró.

18/9/2004

Slow *motion*

Era o primeiro sábado de sol depois da era glacial. Eu ainda não sabia, mas o rapaz magro e exageradamente alto ao meu lado iria ganhar o posto de namorado dentro de algumas horas. Talvez porque aquela rua simpática, naquele dia inesperadamente ensolarado, convidasse a uma contemplação mais demorada, acabamos sentados na beira da calçada. Sem planos, sem pressa, sem nada para fazer além de apreciar com calma o momento. Não lembro quanto tempo ficamos ali, nem sobre o que conversamos, mas o prazer daquela experiência aparentemente corriqueira de desaceleração foi tão intenso que inscreveu na minha memória uma espécie de código genético do que eu viria a identificar como "momentos felizes".

Esse pequeno idílio urbano aconteceu quando eu tinha 19 anos. Ainda não fazia parte dos meus planos ser jornalista, uma profissão que não me ofereceria muitas oportunidades para cenas em slow motion. Minha melhor amiga já deve ter perdido a conta de quantas vezes atendi o telefone aqui no jornal substituindo o "alô" civilizado pelo troglodita "agora não dá, agora não dá". A uma certa hora do dia – ela deve imaginar – todos os jornalistas viram devotos de Lewis Carroll e param para recitar enlouquecidamente as falas do Coelho Branco: "É tarde! É tarde! É tarde até que arde!"

Não me espanta que tenha partido de um jornalista a idéia de lançar um movimento internacional contra a pressa. Canadense radicado em Londres, Carl Honoré escreveu o livro *Devagar: como um movimento mundial está desafiando o culto da velocidade*, publicado no Brasil pela Editora Record. O autor, que se autodefine como "um speedaholic em recuperação", diz ter acordado para a causa ao ler a notícia sobre uma inacreditável coleção de clássicos infantis em versões compactas de 60 segundos de leitura – uma solução para pais dispostos a enxugar até mesmo os minguados minutos diários que dedicam aos filhos.

Não se trata, garante o jornalista, de defender uma volta à era das carruagens, mas sim de um esforço para encontrar o tempo certo, humano, de cada coisa. Viva a internet, os jatos e a excitante correria diária de uma redação, diz ele, mas nem sempre é preciso ir de carro até a esquina ou trocar um belo prato de macarronada por uma caixinha aquecida no microondas.

Parte reportagem, parte bem-humorado manifesto, o livro chama a atenção para o número crescente de pessoas que se sentem desconfortáveis com o ritmo da vida que levam. Pé no freio, pausa, slow motion, exigem esses escravos do Coelho Branco. Pode ser a revolução mais lenta da história, mas, segundo o autor, ela já está no ar.

25/9/2004

O *espírito* **da** época

Produzidos no Brasil desde 1947 pela fábrica paulista Pan, os cigarrinhos de chocolate mudaram de nome e de embalagem em 1996. Para escapar ao cerco antitabagista, ganharam o apelido de "rolinhos de chocolate" – e em vez de dois garotos com os confeitos entre os dedos imitando o gesto dos fumantes, agora aparecem na caixinha quatro sorridentes meninos. (Em compensação, a mesma fábrica ainda produz moedinhas de chocolate. Aparentemente, o lobby do antiargentarismo não foi tão eloqüente.)

Vocês não ficam meio chocados com a idéia de que há menos de 10 anos – ontem – a gurizada comia inocentemente cigarrinhos de chocolate? Pois é. E pensar que durante todas aquelas Páscoas em que dividiram espaço no meu cestinho com ovinhos pintados à mão e coelhinhos de pão-de-mel eles nunca despertaram a mínima suspeita. O pessoal da Pan jura que jamais ficou provado que comedores de cigarrinhos de chocolate viravam necessariamente fumantes descabelados, mas foram obrigados a render-se à legislação e ao "espírito da época": criança com cigarro, hoje em dia, nem de brincadeira.

Fico imaginando que surpresas o "espírito da época" vai me trazer nos próximos anos, quando, com algum distanciamento, eu puder olhar para a educação que eu dei para a minha filha. Levar no fast-food vai ser pecado? Passear no shopping, uma heresia? Cartoon Network, internet, álbum de figurinha, quem será o próximo vilão? Impossível adivinhar. A gente faz o que pode e torce para não errar muito. O fato é que a velocidade com que circulam as informações na nossa época tem obrigado os pais a também acelerar o processo de assimilação de novas dúvidas. Educar uma criança hoje significa lidar com desafios que se multiplicam em um ritmo exasperante, muitas vezes nos empurrando para uma certa sensação de precariedade para a função com a qual nossos pais e avós nem sequer sonhavam. Talvez porque eles se sentissem menos ameaçados do que nós por um mundo em que ninguém parece muito convicto do papel que desempenha socialmente – no trabalho, no amor, na família. Somos provavelmente os pais mais inseguros de todos os tempos.

Agora eu era

Mas isso vai significar o que para os adultos de 2030? Eles vão ser mais agressivos, mais ansiosos, mais tristes do que nós? Duvido. Trago de berço um otimismo meio bobo do qual espero não me livrar nunca. E que planejo legar para a minha filha junto com a receita de arroz soltinho que a minha mãe me ensinou.

9/10/2004

Longes e **aqui**

Gaúcho nasce pelo menos duas vezes. A primeira coincide com o nascimento biológico e costuma vir acompanhada do anúncio de que a criaturinha aparentemente indiferente dentro do berço é na verdade o mais novo e empolgado torcedor de um dos times locais. O segundo nascimento não tem data marcada. Pode ser ainda na infância ou já na vida adulta. Comigo aconteceu quando a Elis Regina morreu.

Chega um dia em que o cidadão nascido no Rio Grande do Sul é obrigado a confrontar-se com a questão da diferença. No estádio de futebol, em uma excursão para Foz do Iguaçu, assistindo ao *Casseta e planeta*, não importa, há um momento em que a identidade gaúcha desperta e nunca mais conseguimos ser indiferentes a ela. É como mate: podemos gostar ou não, mas é impossível não se posicionar. "Chimarrão? Não, nunca experimentei." Você nunca vai ouvir isso de um gaúcho.

Pois quando a Elis Regina morreu, quase todas as reportagens nos jornais daqui davam conta de uma bronca que a cantora teria com o estado, que por sua vez teria uma bronca de volta com ela. O crime: Elis foi morar no Rio aos 18 anos, perdeu o sotaque e não parecia acreditar que nossas façanhas deviam servir de modelo a toda terra. O castigo: uma certa aporrinhação com relação ao fato de ela ter se tornado mais brasileira do que gaúcha ou – o horror, o horror – mais carioca do que gaúcha.

Como eu peguei a história pelo meio, demorou até eu conseguir entender do que se tratava aquilo tudo. Não entendia a mágoa dela, muito menos as cobranças de que ela se sentia alvo, mas o fato é que a luzinha pra mim acendeu ali: não se é gaúcho de um jeito só, ou melhor, não se é gaúcho inocentemente. Duas boas chances para refletir sobre o assunto estão numa loja perto de você. A primeira é o livro *Literatura gaúcha*, que o professor Luís Augusto Fischer está lançando. Literatura, neste caso, é só um pretexto para analisar o que nos une e o que nos separa do resto do país e as raízes históricas desse enrosco todo. A outra é o novo disco de Vitor Ramil, *Longes* – que é lindo, e triste, de doer. Se um marciano, ou mesmo um carioca, chegasse hoje na minha casa e perguntasse que lance é esse de ser gaúcho, daria *Longes* para ele ouvir. A música e a poesia de Vitor Ramil fazem sentido em qualquer canto do planeta, é verdade, mas – o que eu posso fazer – a gente tem mesmo uma certa mania de se exibir.

6/11/2004

Vaidade

Da série "Livros que eu gostaria de escrever (mas não vou)": *Tratado mínimo sobre a vaidade máxima – Memórias de uma jornalista cultural*. Meu livrinho começaria com um pequeno ensaio histórico ilustrado por reflexões luminosas dos grandes pensadores e citações que remontariam ao *Eclesiastes* ("Vaidade das vaidades, tudo é vaidade" e coisa e tal, com perdão do clichê). Depois viria uma galeria de clássicos da literatura que tematizam a vaidade, entre eles o genial *Teoria do medalhão*, de Machado de Assis. (Aqui entre nós, esse conto diz mais ou menos tudo o que eu gostaria de dizer sobre vaidade. Donde, se você se interessa sobre o assunto e tem uma certa pressa, sugiro que fique lendo Machado enquanto eu não publico o tal tratado.)

Depois de despejar toda a erudição que eu não tenho nos dois capítulos iniciais – o bom de planejar livros que não vão ser escritos é que a gente pode ser muito ambicioso – viria a parte realmente divertida: um minucioso levantamento das situações de vaidade escancarada que eu presenciei ao longo de toda uma vida profissional cobrindo a área de Cultura. O relato começaria com o espanto da jovem repórter ingênua diante do delírio egóico de determinadas figuras que ela costumava admirar. Passaria por casos engraçados, outros patéticos, alguns deprimentes, num longo e tortuoso aprendizado que culminaria no estágio em que nada, absolutamente nada, no terreno da autopromoção seria capaz de espantar a calejada jornalista. A cereja no bolinho seria um laudatório prefácio sobre a autora, escrito por alguma figura muito importante da cultura local – provando que mesmo os mais eloqüentes críticos da vaidade alheia são incapazes de perceber quando ela lhes ataca o próprio flanco.

Nenhuma atividade humana está livre do pavonismo. A cabotinagem é antes um estado de espírito, uma maneira de cavar seu espaço no mundo – como Machado de Assis tão bem demonstra na *Teoria do medalhão*. Mas é óbvio que quem se expõe mais, como os artistas em geral, tem mais chances de enamorar-se da própria imagem. Picasso, por exemplo, achava que era o maior pintor do século 20. E era. Chato é quando o sujeito gostaria de ser tratado como Picasso mais até do que pintar como ele. Geralmente estamos diante de alguém que está desperdiçando energia no lugar errado, tenha ou não qualquer talento. O preço da lucidez é a eterna vigilância. Tenho que lembrar de botar isso no livrinho.

13/11/2004

Eu e o *Valdomiro*

Os radinhos de pilha eram mais estridentes naquele tempo – ou talvez as paredes dos apartamentos é que fossem mais finas. De uma coisa eu não tenho dúvida: as tardes de domingo eram muito mais longas. O negócio começava logo depois do almoço – e da disputa pela coxinha de galinha e pelo copo maior de minuano – e se estendia até muito depois do *Fantástico* e do toque de recolher oficial.

E não adiantava trancar a porta do quarto, fechar todos os buraquinhos da persiana, botar o travesseiro na cabeça e enfiar a cara no Monteiro Lobato. A ladainha futebolística da maioria masculina da família atravessava todas as frestas, escalava o beliche, entrava embaixo do sonoleve e grudava no cérebro indefeso da única menina da casa: "Bola para Valdomiro, Valdomiro cruza para Valdomiro que lança para Valdomiro que entra pela grande área driblando Valdomiro e... goooool de Valdomiro."

E foi assim que uma intensa sensação de desconforto, uma gastura quase palpável, ficou para sempre associada na minha memória ao alarido de uma narração esportiva. Nada contra o esporte nacional, a diversão de ricos e pobres, a vibração dos estádios e coisa e tal. Tenho pelo futebol o mesmo respeito distante que dedico à esgrima e ao jogo de taco; eles lá, eu aqui.

Meu problema com futebol é a onipresença. Em casa, no trabalho, no ônibus, ninguém escapa aos bate-bolas, aos bate-papos, aos bate-bocas. Torcedores de futebol – pais, irmãos, namorados, colegas de redação – costumam tratar o assunto com uma gravidade expansiva que não deixa espaço para a silenciosa indiferença de quem não está nem aí para a ameaça da segunda divisão, a Copa Sul-Americana e o escambau.

Com aquele olhar alucinado de quem defende um princípio moral inarredável e o tom de voz de quem acaba de ganhar na loteria, eles estacionam do seu lado para discutir se o Valdomiro está ou não na sua melhor fase, se o time do Valdomiro vai ou não vai se recuperar, se a torcida do Valdomiro tem ou não mais títulos que a torcida do Robilson. Ficam genuinamente tristes depois de uma derrota – tristes mesmo, não é incrível? E alegres como meninos quando a sorte, o acaso e algum talento estufam a rede do adversário. Às vezes, dá até uma certa inveja desse entusiasmo todo. Às vezes.

27/11/2004

Havaiana de **Woodstock**

Não sei se eu já conhecia a palavra, mas ao conceito de constrangimento devo ter sido apresentada exatamente naquele domingo. Na foto que registra o dia histórico em que pulei meu primeiro Carnaval, a maquiagem e a provocante pintinha falsa sobre a bochecha direita não disfarçam o mal-estar da relutante foliã. A fantasia, me parece, era para ser de havaiana, mas o sorriso, ausente, é de Colombina abandonada no salão.

A história começa algumas horas antes daquela foto. Alguém da vizinhança aparece com a idéia de ir ao baile infantil de Carnaval. Minha prima, dois ou três anos mais velha, anima-se com o programa, os possíveis namorados, o figurino, a maquiagem. Entusiasmada com o début carnavalesco da caçula, minha mãe determina:

– A Cláudia vai junto.

– Hã?

Não reclamei porque ainda não sabia que não gostava de Carnaval – e porque sair com a prima mais velha é mais ou menos a coisa mais emocionante que pode acontecer na praia quando se tem nove anos.

Definida a participação na festa, veio o problema da fantasia, que não havia em casa e nem no minúsculo comércio local. E ir a um baile de Carnaval sem fantasia era uma confissão de derrota social para a qual eu e minha prima ainda não estávamos preparadas, concluíram os adultos da casa. Minha mãe não se abateu. Botou os olhos na cortina da cozinha e saiu pegando a tesoura:

– Não tem tu, vai tu mesmo.

O resultado são as duas havaianas "estilizadas" que aparecem na foto. Um ombro só, puxado para o lado com duas ou três flores de plástico arrancadas de um colar, franjinhas na barra do vestido floreado e uma faixa na testa que dava um ar meio hippie ao conjunto.

Sim, eu era uma havaiana. Fugindo de Woodstock, talvez.

E a cozinha ficou sem cortina o resto do verão. Mas o que mais me intriga nessa foto é aquele olhar de órfã de Charles Dickens. Será que o improviso da fantasia ficou evidente diante de alguma havaiana de loja? Ou finalmente percebi que minha prima estava arrependida de ter carregado a pirralha para a festa? Era raiva de ainda ser criança ou medo de virar mocinha?

O que eu sei dizer é que há um oceano de inadequação no olhar da havaiana, uma tristeza resignada, como se ela suspeitasse que o primeiro baile leva um tanto da inocência embora – e o que fica é muitas vezes confuso e inadequado. Demora um pouco até a gente entender que é preciso inventar a havaiana, a princesa, a bruxa, a fada, a odalisca até encontrar a fantasia que realmente nos cai bem.

5/2/2005

A finlandesa

Sou uma ex-motorista. Não, não é bem isso. Não sou "ex" como se é ex-mulher, ex-presidente, ex-madrinha da bateria. Na verdade, nunca ocupei o cargo. Tirei a carteira, dei umas voltinhas, suei frio na Ipiranga uma meia dúzia de vezes e desisti. Tirei meu calhambeque da chuva. Não é pra mim. Tchau. Fui. Dizendo assim, "e desisti", parece que foi fácil. Não foi. Admitir o fracasso, resignar-se a ele, foi uma pedreira existencial. É duro dar marcha a ré em uma decisão. Custou noites e noites de sono e um fio de cabelo branco que eu batizei de "primeira marcha". Amigos e parentes motoristas, generosamente, fizeram preleções de todos os tipos para me convencer a continuar tentando.

O tipo motivador: "Vai em frente, guria. Isso é moleza pra ti."

O tipo exemplar: "Eu era bem assim no início." O tipo solidário:

"Eu dou umas voltinhas contigo." O tipo autoritário: "Nem se atreva a desistir agora, sua biltre."

Diante do fato consumado, porém, fez-se um inesperado silêncio. O pior tipo de silêncio: o de piedade. Como se estivesse claro que eu tinha uma disfunção motora grave, um bloqueio psicológico oculto, uma fraqueza de vontade vexatória. Olhavam e inclinavam a cabeça pro ladinho. Alguns suspiravam. Mas mesmo me sentindo da altura de um pára-choque de Fusca, segurei o tranco. Quem disse que eu não tenho força de vontade?

Cheguei ao inacreditável paradoxo de me orgulhar da minha coragem para abraçar o fracasso. Inventei o fracasso triunfante.

É verdade que eu não levo muito jeito pra coisa – fazer o quê? Até para regar canteiro é preciso técnica e uma certa manha. Mas o que definiu realmente a partida não foi (apenas) a minha falta de talento. O que mais me incomodou foi o climão geral do negócio, a "vibe" – as manobras desnecessariamente arriscadas, a impaciência, a violência implícita no processo todo.

Cheguei à conclusão de que eu queria incluir isso na minha vida tanto quanto eu gostaria de acompanhar a próxima temporada do campeonato mundial de boxe. Não, obrigada, fica para a próxima encarnação. Será que estou exagerando? Será que isso é só desculpa para justificar o meu fracasso triunfante? Pode ser. Mas a excelente reportagem sobre violência no trânsito publicada domingo passado no *Zero Hora* me deu alguns bons argumentos. A jovem finlandesa que percorreu algumas das zonas mais congestionadas de Porto Alegre e se chocou com a selvageria do trânsito gaúcho disse tudo: "Eu não conseguiria dirigir aqui." Viram?

Bingo! A solução pra mim é mudar para a Finlândia. Ou continuar filando carona.

16/4/2005

Passado **em** movimento

A mãe de um amigo meu americano fez umas pontas em Hollywood nos anos 40. Um dia, o guri está bem belo vendo um filme na Sessão da Tarde quando topa com a mãe fazendo figuração em uma comédia do Danny Kaye. Quase derruba o Toddy no tapete diante da magnitude da revelação. Entre incrédulo e fascinado, vai tirar satisfações com a coroa: "És tu, mamãe?". "Sim, querido, sou eu. Não agüento mais guardar este segredo. Senta aí que vou te contar tudo tintim por tintim" – ok, ok, o diálogo não deve ter sido bem assim, mas é só para vocês sentirem o drama da situação.

O fato é que aquela pacata dona de casa não era muito orgulhosa do seu passado cinematográfico e havia decidido apagar esse pequeno detalhe da sua biografia. Isso até meu amigo perceber que a mocinha de cinturita fina do filme era parecida demais com a senhora de avental e chinelas que nesse exato instante terminava de assar uma torta de maçã na cozinha. (O curioso é que quando ela morreu, há quatro anos, sua breve carreira de starlet ocupou dois parágrafos do seu obituário. Postumamente, até os desvarios da juventude ganham um certo charme.) Sempre adorei essa história. Talvez porque seja fascinante, e um pouco assustador, imaginar que nossos pais possam ter tido amores secretos e carreiras misteriosas dos quais nunca tivemos notícia – pensando bem, o próprio fato de eles terem "vivido" antes de a gente existir é meio esquisito, não? Mas o que eu queria dizer é o seguinte: esse caso nunca aconteceria no Brasil. Digamos que a mãe de um amigo seu tenha feito uma chanchada da Atlântida. Digamos que tenha escondido o fato da família.

Agora imagine que chances esse filme teria de ser exibido na Sessão da Tarde da tevê aberta. Pois é. A ficha me caiu assistindo a um filme dos anos 50 no Canal Brasil. A história era um pouco tola, a qualidade de imagem e de som, um desastre, mas não consegui trocar de canal. Aquelas gírias, aquelas roupas, aquelas músicas faziam parte da juventude dos meus pais. E cinema é o que temos de mais próximo de uma máquina do tempo.

Não é só entretenimento ou experimentação estética, é também um registro histórico e afetivo precioso – é o passado em movimento. Se você é americano, sua mãe nem precisa ter trabalhado em Hollywood para você saber como se namorava nos anos 50, como eram os vestidos das mocinhas e os topetes da rapaziada. O cinema local abastece a memória do país. No Brasil, há um vácuo histórico onde deveria haver sons e imagens.

Assistindo a um filme brasileiro recentemente, me peguei pensando: agora vai. Um cinema que atinge esse nível de maturidade, de qualidade técnica, de empatia com o público não tem mais como voltar atrás. Nossos filhos vão saber exatamente como a gente cortava o cabelo e falava no celular.

Dizendo assim, não parece grande coisa, mas é.

23/4/2005

Sobre *nossas* cabeças

Um amigo meu uma vez me disse que era fascinado pela variedade de cabelos que somos capazes de encontrar até no espaço exíguo de um elevador. "Não há duas pessoas com os cabelos iguais", cravou ele, bem sério, como quem revela o resultado de anos de pesquisa científica, e logo mudou de assunto. Na hora, ri muito dessa que me pareceu mais uma pequena excentricidade desse meu amigo, mas o efeito desse devaneio despretensioso foi arrasador: nunca mais tirei essa bobagem da cabeça. Literalmente.

Catalogar mentalmente as infinitas variações capilares virou uma espécie de cacoete. Pode parecer inútil, mas em determinadas situações extremas de tédio é uma alternativa perfeitamente legítima de autodistração – se vocês me virem numa sala de espera, ou numa fila interminável, ou mesmo na reunião de condomínio, já sabem no que eu estou reparando. (Ando até lendo sobre esse assunto palpitante. Descobri, por exemplo, que os ruivos estão em extinção, que apenas 3% das mulheres são loiras naturais, que um fio de cabelo cresce cerca de 0,37 mm por dia e que, ao contrário do que a minha mãe e o meu cabeleireiro sempre me disseram, cortar os cabelos todos os meses não os deixa mais fortes e mais bonitos. Eu sabia!)

Esticando talvez um pouco além da conta o fio desta conversa, dá para arriscar que o cabelo é o exemplo mais rico da multiplicidade de aspectos externos que a nossa espécie é capaz de conferir a sua herança genética.

O cabelo pode sublinhar imperativos culturais, atender exigências religiosas, marcar diferenças sociais. Mulheres cortam o cabelo para exorcizar amores frustrados. Homens deixam o cabelo crescer para provar que são diferentes dos pais, para atrair garotas, por preguiça de ir no barbeiro. O musical-símbolo dos anos 60 chama-se *Hair* exatamente porque é impossível contar a história daquela época sem levar em conta que deixar crescer o cabelo, naquele momento, podia ser visto como um posicionamento político.

Dá para acreditar? Claro que dá, porque ainda hoje pessoas julgam e são julgadas pela forma como aparam os pêlos da cabeça. Parece óbvio e natural, mas, se a gente pára para pensar, é quase tão esquisito quanto ficar reparando no cabelo dos outros dentro do elevador – e ainda escrever sobre isso.

17/5/2005

Tio *Celerino*

Paranoico Perez tinha tudo para tornar-se um grande escritor – a vontade, a inspiração, o talento. O problema deste gênio dos autores inéditos era um só: cada vez que Paranoico Perez alinhavava a estrutura daquele que poderia vir a ser o grande romance da literatura contemporânea, o português José Saramago vinha e crau – escrevia exatamente sobre o mesmo assunto.

– Escute, Perez, e o livro que estás preparando?

– Não o farei mais. Outra vez Saramago roubou-me a idéia.

Juan Rulfo escreveu um grande romance, *Pedro Páramo*, e depois caiu no silêncio – como Rimbaud, que aos 19 abandonou a literatura. Quando perguntavam a Juan Rulfo por que não escrevia mais, ele dizia:

– É que morreu Tio Celerino, que era quem me contava as histórias.

Escritores reais, como Rimbaud, Juan Rulfo, J.D. Salinger e Thomas Pynchon, e criaturas fantásticas, como esse delicioso Paranoico Perez, são os personagens de *Bartleby e companhia*, uma obra quase tão estranha quanto as histórias que o autor, o espanhol Enrique Villa-Matas, reúne ali. Meio ensaio, meio ficção, o livro faz um inventário daquilo que o autor chama de "literatura do não" – gente que ameaçou mas nunca chegou a escrever e escritores que lançaram alguns livros e depois renunciaram à literatura. A "síndrome de Bartleby" leva o nome do personagem de um conto de Herman Melville, um escriturário que paulatinamente vai desistindo de tudo – de relacionar-se com os outros, de trabalhar e, no final, até mesmo de comer. Diante do apelo para que cumprisse uma tarefa qualquer, Bartleby respondia simples e docemente: "Preferia não o fazer" – e não fazia. Histórias de gente-que-faz povoam as bibliotecas, são passadas de geração para geração, viram propaganda do Bamerindus. Gente-que-não-faz é um encosto, uma assombração, uma ameaça potencial à civilização – que nunca chegaria a existir se a maioria de nós sucumbisse ao excesso de autocrítica, ao medo de errar ou à simples preguiça. Com *Bartleby e companhia*, esses heróis das façanhas não-realizadas finalmente ganham um bocadinho de atenção.

Achei especialmente interessantes as desculpas que esses autores, ou não-autores, eram capazes de inventar para justificar, ou autojustificar, sua paralisia – delírios como o Tio Celerino, o

Agora eu era

desalmado que carregou para o túmulo a inspiração do sobrinho. Porque mesmo quem nunca pensou em escrever um livro ou compor uma sinfonia ou escalar o Everest sabe o que significa uma crise de empacamento – e pelo menos uma vez na vida já teve vontade de dizer para o chefe, para o professor, para a família, para si próprio e o mundo: "Preferia não o fazer." E depois colocar a culpa toda no Tio Celerino.

14/5/2005

Nós **sempre** teremos *Paris*

Ela é tão perfeitinha e improvável que parece ter sido inventada por um escritor ruim. Digo ruim porque um autor sério jamais se atreveria a dar a uma personagem como essa o nome de um hotel de luxo e o rosto e as exatas proporções de uma Barbie – seria óbvio demais. A verdade é que faltou uma certa sutileza à vida real ao presentear o mundo com uma criatura tão emblemática do universo das celebridades como a manequim-modelo-e-atriz americana Paris Hilton.

E não foi só na composição da personagem que a natureza foi pródiga em detalhes inverossímeis – todo o desenvolvimento da sua biografia, pelo menos até os capítulos mais recentes, parece ter saído de uma versão tomwolfiana de uma revista *Sabrina*. Bisneta do fundador da rede de hotéis Hilton e herdeira de uma fortuna estimada em US$ 300 milhões (nada do que ela faz é por dinheiro, portanto), Paris passou boa parte da infância correndo sobre os tapetes persas do hotel Waldorf-Astoria, um dos mais luxuosos de Nova York. Começou a chamar a atenção das revistas de fofocas circulando pelas festas mais badaladas do planeta acompanhada da irmã mais nova, Nicky – sem medo de corresponder diligentemente a todos os estereótipos que faziam dela: linda, loira e mimada por nascimento, arrogante e descabeçada por opção. Paquerou astros de Hollywood, cantores, modelos, atletas. E foi catapultada para a fama mundial graças a um vídeo, multiplicado pela internet, em que aparece transando com o namorado. Nada mais anos 2000.

Uma mulher de carne e osso talvez se recolhesse constrangida depois desse mico planetário. Não nossa brava heroína. Paris tirou proveito do episódio e partiu para a próxima, um reality show – e o que mais seria? – em que exercitava seu inimitável talento para bancar a loira tonta.

No início deste ano, mais um toque de sintonia com as idiossincrasias da sua geração: o caderninho de endereços do seu celular foi capturado por um hacker e colocado na internet. E como a falta de notícias é a criptonita das celebridades, semana passada ela protagonizou mais uma polêmica.

O comercial de TV em que aparece, de biquíni, voluptuosamente caindo de boca em um hambúrguer de dois andares foi considerado escandaloso por boa parte do público americano — enquanto sua versão na web congestionava o site www.spicyparis.com.

Vídeo pornô na internet, celular espionado, reality show, consumismo sem culpas — Paris Hilton parece um mostruário das trivialidades contemporâneas. E é mesmo uma pena que ela não tenha saído da imaginação de um grande escritor. Porque um autor genial talvez extraísse algum sentido dessa história, tão contaminada pelo espírito da época, ou nos fizesse rir das nossas próprias frivolidades apontando o curioso fascínio que ela exerce. Mas Paris Hilton é real — na medida em que são reais as modelos nas revistas e os reality shows. E, como personagem real, ela é apenas fake demais para fazer sentido.

25/5/2005

Paixões

Um amor não-correspondido – e podia ser diferente? – deu origem a uma das mais belas reflexões sobre a incomparável delícia, e a eventual roubada, de se estar apaixonado. Stendhal (1783-1842), autor de *O vermelho e o negro*, ainda se recuperava de um pé-na-bunda de dimensões continentais quando escreveu *Do amor*, um ensaio com tudo o que você nem sabe que já sabe sobre o tema. O grande barato do livro, além da prosa elegante e arrebatada, é uma curiosa classificação dos tipos amorosos.

Inspirado por sua dor-de-cotovelo, Stendhal dividiu o amor em quatro grandes grupos, que eu resumo aqui e você vê se confere:

1) **Amor-prazer** – O inverno está aí e você acaba de comprar o disco novo do Coldplay. Calha de ter uma pessoa bacana na área, um par perfeito para quem, como você, anda cheio de von-

tade de cumprir os rituais de quem está realmente apaixonado. Implica uma certa dose de fingimento, é verdade, mas nesses assuntos nada é definitivo: quem está na segunda divisão hoje pode ser campeão do mundo amanhã. Ou vice-versa.

2) **Amor físico** – Esse não precisa explicar. Aprende-se cedo e nunca se esquece.

3) **Amor-vaidade** – Sabe a piada da Sharon Stone na praia deserta? Pois é. Querer estar com a pessoa mais desejada, mais disputada, mais exigente do pedaço parece ser uma fraqueza universal. Beleza, dinheiro, poder, prestígio: quem tem um ou vários desses itens só passa o inverno sozinho se quiser.

4) **Amor-paixão** – Um sentimento agudo, intenso – e muitas vezes breve. Alimenta-se da imaginação do apaixonado, que reveste seu objeto de desejo de qualidades exageradas pela fantasia. Invariavelmente acaba mal: ou porque não é correspondido ou porque se extingue com a rotina. "A alma humana", diz Stendhal, "se cansa de tudo que é uniforme, inclusive da felicidade."

As grandes tragédias, os mais belos poemas e as novelas das oito tratam, mais freqüentemente, de relações do tipo 4 – um manancial inesgotável, onde vai beber também o recém-lançado, e irresistível, *Paixões*, da escritora espanhola Rosa Montero. O livro reúne as biografias amorosas de casais como Marco Antônio e Cleópatra, John e Yoko, Liz Taylor e Richard Burton, Rimbaud e Verlaine – narradas com apoio de dados históricos e uma pitadinha de fantasia. São amores que nem sempre terminam bem, vividos por criaturas às vezes cruéis, desequilibradas ou absurdamente submissas, mas por um motivo ou outro suas histórias permanecem fascinantes.

Amores que já não se enquadram nas categorias de Stendhal, que se constroem e se recriam na convivência, que têm altos e baixos, brigas, respeito e desejo sempre renovado podem ser o sonho de quase todo mundo, mas, se existem, não costumam entrar para a história.

11/6/2005

Um **novo** conceito *em*

Eu queria ganhar R$ 1 cada vez que topasse com a expressão "um novo conceito em". Vocês já repararam? Ultimamente, não tem curso de inglês, condomínio horizontal, pet shop, academia de ginástica que não se venda como "um novo conceito" no seu negócio. Eu ainda não vi, mas já devem vender por aí "um novo conceito em água", "um novo conceito em leite", "um novo conceito em pão de meio quilo". E quando o novo conceito não comparece, manda o irmão mais novo: o "conceito diferenciado". Se você topar com um "novo conceito diferenciado", então, é porque a coisa está pior do que eu pensava.

A questão aqui não é desconfiar da honestidade de todas essas promessas de revolução conceitual – quem sou eu para duvidar dos possíveis marcos históricos estabelecidos por novos barzinhos com música ao vivo ou novos xampus anticaspa. O problema por

Agora eu era   **(141)**

trás da superpopulação de produtos que quebram barreiras e rompem paradigmas não é a eventual propaganda enganosa – que esse risco sempre há, até nos anúncios mais criativos.

O que me incomoda é o massacre de uma expressão inocente, e essencialmente anódina, da língua portuguesa, até ela ser transformada em um clichê vazio e risível, motivo de chacota entre seus pares no dicionário. Porque o clichê, vocês sabem, é o chuchu do idioma: é feio, não diz a que veio e sempre pode ser substituído por algo mais saboroso.

Como eu odeio clichês, claro que vivo trombando com eles. Não que eu ande procurando chavão como quem cata champignon no estrogonofe. São eles que saltam na minha frente, e ficam se exibindo, se repetindo, se multiplicando. E obviamente clichês não são privilégio da publicidade: jornais, livros, discursos de políticos, músicas, filmes, conversas de bar, onde houver alguém com preguiça de pensar – ou sem coragem para dizer o que realmente está pensando – lá haverá um clichê pronto para saltar no pescoço do interlocutor.

Alguém aí entende por que nove entre dez atrizes garantem estar "de bem com a vida"? E quem é que fica com inveja quando o colega recém-demitido afirma que "partiu para novos desafios"? Dá para ficar mais tranqüilo quando o jogador diz que "o time está bem preparado" ou quando o ministro jura que "está tudo sob controle"? Nem que a vaca tussa.

Mas ao contrário do chuchu – o quarto estado da água – o clichê nem sempre foi insípido, inodoro e chatonildo. Muitas dessas expressões vazias nasceram de um dito tão inspirado e de compreensão tão universal que acabou sendo empregado à exaustão – e em tantos contextos diferentes, que, significando tudo, terminou significando nada. Como um suflê de chuchu: um novo conceito em água para comer.

25/6/2005

Tarjas

Lisa é uma americana de 21 anos passando uma temporada em Londres. Trabalha num bar para ganhar uns trocos, tem amigos, um corpão de modelo e um namorado gentil e sexy. Como muitas garotas de 21 anos, divide seu tempo entre sexo e rock'n'roll. E muito mais não sabemos porque o filme *9 canções*, de Michael Winterbottom, não nos conta – em 69 minutos de diálogos escassos, tudo o que vemos são cenas de sexo intercaladas por shows de bandas pouco conhecidas por quem já passou dos 30. O filme tornou-se polêmico tanto pelas cenas de sexo explícito quanto pela falta de ação, digamos, verbal: não há qualquer tentativa de agregar significado extra ao que vemos na tela – ame-o ou saia da sala. Mas o que me chamou a atenção, na verdade, foi um detalhe aparentemente secundário: Lisa, como muitas meninas da sua idade, toma remédios contra a depressão.

Como as tatuagens e o piercing, os antidepressivos viraram a marca de uma geração. Lisa é o retrato de um tipo que já ganhou até apelido: "tarja". As "tarjas" são meninas de vinte e poucos anos, em geral bonitas, inteligentes, criativas, bem-relacionadas. Olhadas assim, de longe – por uma balzaquiana que ainda lembra bem como é ter 20 anos –, essas meninas parecem ter todas as condições concretas para tocarem suas vidas sem o apoio de uma bengala química. Sim, eu sei, muita gente sofre com a depressão e encontra nos remédios o único conforto possível para enfrentar determinadas situações. Mas será que tem tanta gente deprimida assim?

Sou do tempo em que a gente curava baixo-astral enfiando a cabeça no travesseiro e chorando. Não recomendo o método a ninguém, mas uma vantagem ele tem: encarar a dor de frente, sem medo de desmontar, nos ensina que somos mais fortes do que imaginamos.

Claro que não dá para descobrir isso sozinho se a cada noite maldormida, a cada momento de angústia, a cada situação de conflito, o ombro amigo for um comprimido tirado de um frasco. Mas a chamada "geração analgésico" tem tolerância zero à frustração – e não admite perder tempo com nada. Para que sofrer se existe um remédio que resolve tudo na hora? É uma boa pergunta, mas apenas se o fato de que aprendemos e crescemos durante as crises for totalmente ignorado.

Anestesiar as dores cotidianas à custa de remédios é como passar pela vida como um estudante relapso – colando para passar de ano. É muito mais fácil, não há dúvida, mas o risco é a eterna dependência e uma infantilização afetiva para a qual ainda não inventaram remédio.

2/7/2005

A *estupidez* **humana**

"Duas coisas são infinitas: o universo e a estupidez humana. Mas, no que diz respeito ao universo, ainda não adquiri certeza absoluta." A frase é de Einstein e teria sido dita logo após o lançamento das bombas sobre o Japão, mas definitivamente admite aplicações em circunstâncias muito mais prosaicas e cotidianas. O difícil, na verdade, é a gente parar para pensar na estupidez como conceito abstrato, universal, e não ligada aos "estúpidos específicos" que cruzam nosso caminho sem a grandeza épica de uma bomba atômica. Cada um de nós, aliás, tem seu catálogo de "estúpidos específicos" preferenciais, aquele tipo de cretino que particularmente nos incomoda, nos tira do sério, nos dá vontade de perder a tramontana e soltar nosso ogro secreto – aquele que, a duras penas, acreditamos ter civilizado (as pessoas são capazes de admitir quase tudo, menos, claro, que são estúpidas eventualmente). Meus votos vão para: torcedores que puxam briga, ou arma, depois de um jogo (vai lavar uma louça, mané), motoristas apressadinhos e cheios de razão (se vai dirigir, beba, mas água-de-melissa), madames e doutores que furam fila (tem coisa mais muquirana?). Mas não era dos "estúpidos específicos" que eu queria falar, mas da estupidez em geral – tema de um divertido, e instrutivo, documentário exibido pelo GNT esta semana. Dirigido pelo canadense Albert Nerenberg, *A estupidez humana* (*Stupidity*) aborda a imbecilidade em suas ramificações mais obviamente influentes nos dias de hoje, a política e o showbiz. O filme defende a idéia de que programas de televisão (e filmes) que mostram pessoas fazendo coisas estúpidas tendem a ser um sucesso porque os espectadores gostam de se sentir mais inteligentes vendo alguém bancando publicamente o bobalhão – o que explicaria a audiência de quadros como o Videocassetadas, por exemplo, e a multiplicação de reality shows com todos os gêneros de constrangimentos programados. Fazer-se de boca-aberta, sustenta o documentário, pode inclusive ser um bom negócio, como já teriam percebido o ator Adam Sandler, que se especializou em interpretar sujeitos apatetados no cinema, e o presidente George W. Bush, que bancaria o capiau para passar bem. O mais curioso foi ter assistido a esse documentário exatamente no dia em que eu voltava da Festa Literária de Parati, uma pequena disneylândia para adultos em que tudo parece girar em torno de delicadezas como a arte de contar bem uma história, de transformar uma angústia particular em uma obra que faça sentido em épocas e lugares distantes. A estupidez pode ser infinita, mas o time adversário não nasceu ontem – nem vai entregar o jogo assim tão fácil. Espero.

19/8/2006

O **trauma** da *gata*

Aconteceu em uma daquelas noites geladas da semana que passou. Apesar do reconhecido talento para aquecer pés congelados e do olhar pidão que ela invariavelmente nos derrama na hora da despedida, o regulamento doméstico é implacável: a gatinha passa a noite longe dos quartos, na área de serviço – onde, bem entendido, todos os modernos acessórios para o conforto felino são colocados a sua disposição.

Comovida com a discriminação noturna da sua protegida ou, mais grave, talvez tomada pelo irresistível ímpeto de desafiar o status quo familiar, minha filha decidiu esta semana questionar a combinação – e com aquela assertividade que meninas de oito anos sabem usar quando tentam nos convencer de que os ingressos para o show do RBD valem, claro, até mais que R$ 200,00 e os tênis de rodinhas são, evidentemente, o grande meio de transporte do futuro.

Reclama daqui, rebate de lá, o sono roubando um pouco da minha convicção a cada minuto que passava, surge o que parecia ser o último golpe, o argumento indiscutível que finalmente encerraria a discussão e colocaria a gatinha sob os cobertores de uma das camas da ala nobre da casa:

– Mãe, a gata vai ficar traumatizada!

Na hora, claro, achei o raciocínio muito engraçado – além de malandro. Mas, dali a alguns dias, em uma reunião de pais e professores na escola, comecei a pensar que o fato de uma criança, mesmo marotamente, usar sem constrangimento a palavra "trauma" pode dizer alguma coisa sobre a época em que vivemos. Durante essa reunião, dedicada a debater um tema pedagógico bem específico – a forma como os alunos são separados em grupos de trabalho durante a aula –, a preocupação recorrente dos pais era mais ou menos esta: como as crianças iriam enfrentar o "trauma" (ainda que nem sempre essa fosse a palavra usada) de não serem as primeiras escolhidas pelos colegas, ou de ficarem sempre por último, ou de nunca serem eleitas líderes do seu grupo.

Embora legítimo, como qualquer cuidado de um pai com o bem-estar do filho, esse medo, constante e subliminar, do "trauma" talvez esteja sendo exagerado. Antes de mais nada, porque subestima a capacidade da grande maioria das crianças de lidar com os inevitáveis conflitos que surgem durante o seu longo, e precoce, processo de socialização – estamos falando de uma geração que chega, em média, antes dos três anos à escola. Mas o que me parece mais grave é essa fantasia de que a gente pode colocar airbags em volta dos filhos, acolchoando todas as arestas para que nada perturbe seu caminho rumo à felicidade. Como se um joelho ralado emocional, e mesmo uma batida mais forte de vez em quando, não trouxesse seu tanto necessário de crescimento e amadurecimento – que os pais devem acompanhar de perto, claro, mas nem sempre se apressando em evitar, sob pena de criarmos adultos incapazes de lidar com a contrariedade e a frustração.

Sobre a gata, bom, ela dormiu mesmo na área – até onde pude notar, sem qualquer sinal mais evidente de dano psicológico.

26/8/2006

Perdidos

Quando eu era criança, uma das minhas séries de TV preferidas chamava-se *Perdidos no espaço*. Se você não é um alienígena no planeta pop, conhece a história: em um longínquo futuro (1997), a família Robinson é escolhida para iniciar um projeto de colonização espacial. Sua nave, no entanto, é sabotada por um maligno espião, o coronel Zachary Smith, condenando os Robinson a ficar zanzando pelo espaço por três temporadas (1965-1968).

Perigos, perigos, perigos atravessavam o caminho dos Robinson a cada novo episódio, mas, tirando os alienígenas e, claro, a ausência de uma televisão na sala, tratava-se de uma típica família dos anos 60: pai, mãe, três filhos e até empregado doméstico (foi mal aí, Robô). O menino Will, com quem naturalmente as crianças se identificavam, podia enfrentar as ameaças mais terríveis da Via-Láctea durante o dia, mas, como todos nós aqui na Terra, devia ser obrigado a fazer os temas e a tomar uma pílula de Toddy todas as noites antes de dormir.

Passados 40 anos da estréia de *Perdidos no espaço*, outro grupo de sobreviventes em um ambiente hostil e desconhecido tornou-se um fenômeno de audiência da televisão mundial. O sucesso de *Lost*, evidentemente, vem em uma escala inimaginável nos tempos do Dr. Smith.

Televisão aberta e fechada, DVD, internet, livros e revistas especulando sobre cada detalhe dos infindáveis mistérios da série, e inventando outros tantos que os autores nem sequer imaginaram, transformaram *Lost* em um produto típico da era da informação superglobalizada – provavelmente o mais bem-sucedido de todos, seduzindo um público que vai do nerd que acompanhava *Arquivo X* à mocinha que era fã de *Sex and the City*.

O sucesso do seriado talvez resida exatamente nessa habilidade dos roteiristas para narrar a saga dos sobreviventes do vôo 815 equilibrando doses generosas de aventura, mistério e novelão. Mas é irresistível arriscar que a metáfora do náufrago em um universo desconhecido ganhou em *Lost* uma versão realmente sintonizada com a época, com ameaças reais e imaginárias cercando personagens que trazem do passado um verdadeiro catálogo de relações familiares disfuncionais e solidão: filhos que traem e são traídos pelos pais, ou crescem longe deles, mães que abandonam bebês, irmãos que têm relações incestuosas...

Enquanto a família Robinson, a cada final de capítulo, nos fazia acreditar que qualquer cantinho de planeta desconhecido podia ser transformado em um lar de verdade, os personagens de *Lost* estão presos em um mundo que eles não entendem e no qual não se reconhecem, sem mapa, sem toddynho no fim da noite — e sem a certeza de que têm para onde voltar. Não admira que toque tanto a tanta gente.

26/8/2006

Sobre **sutiãs** e *calcinhas*

Uma das maiores lendas urbanas a respeito do feminismo narra, com riqueza de detalhes, uma histórica manifestação de mulheres, nos anos 60, que teria culminado com uma queima coletiva de sutiãs. Historiadores do movimento, no entanto, sustentam que a tal fogueira de lingeries nunca aconteceu. A lenda teria origem em um protesto realizado durante um concurso de Miss América, em 1968, em que sutiãs, cintas e outros acessórios teriam sido jogados em uma enorme lata de lixo – mas, ao que se sabe, sem tortura ou imolação pública das peças íntimas.

É possível que alguns sutiãs tenham sido queimados desde então, em referência a um gesto original que, na verdade, nunca teria acontecido da forma como entrou para a história, mas o certo é que esse é um daqueles casos em que a versão ficou mais importante do que o fato. "Queimar sutiã" virou sinônimo de rebeldia feminina – ainda que a expressão seja citada às vezes com certa ironia, como se o gesto tivesse algo de ridículo em sua paródia do ímpeto revolucionário que acompanha episódios como a queda da Bastilha. Pensando bem, a própria Bastilha era apenas um presídio, e não a casa onde morava o rei, mas o que conta, afinal, é a força simbólica da cena.

Décadas se passaram, as mulheres mudaram, e o sutiã, pela própria natureza, não poderia ficar atrás. A peça que um dia torturou nossas avós hoje é macia, anatômica e cheia de possibilidades – um dos modelos mais populares chama-se, apropriadamente, "wonder bra" (sutiã maravilha) e é um avanço tecnológico ao qual todas as mulheres com mais de 30 anos são gratas. Sutiã, hoje em dia, só é notícia na semana de desfiles da Victoria's Secret. Os holofotes voltaram-se agora para a outra metade da combinação: 2006, definitivamente, foi o ano da ascensão, pela queda, da calcinha.

Um observador que tivesse permanecido congelado nos últimos 40 anos poderia ser levado a acreditar que o gesto de abolir a calcinha veio ocupar a função simbólica um dia desempenhada pela destruição de sutiãs.

Foram tantas as notícias, nacionais e internacionais, de mulheres sendo flagradas sem calcinhas nos últimos meses, que seria natural imaginar que há uma mensagem política escondida nesse lapso. Seria a calcinha um novo símbolo de submissão, um entrave à liberdade sexual das mulheres dos anos 2000, um item de vestuário a caminho da extinção? Não sei as famosas, mas as mulheres comuns, pelo menos as que eu conheço, não andam reclamando. É provável que a sucessão de estrelas flagradas sem roupas íntimas em lugares públicos seja exatamente o que o senso comum nos sugere: o produto inevitável da associação entre a voracidade pela exposição e a voracidade das câmeras, gerando um dos símbolos mais bem-acabados da assustadora falta de limite entre público e privado da nossa época. Infelizmente, nem todas as mulheres fazem jus à evolução tecnológica dos seus sutiãs.

9/12/2006

Apenas humana

Em um livro polêmico lançado no início dos anos 80, a feminista francesa Elisabeth Badinter cutucava um tema aparentemente incutucável: a natureza do amor materno. O título do livro, *Um amor conquistado – o mito do amor materno*, dá boa parte do recado: amor de mãe não é biológico, nasce da convivência e é construído no dia-a-dia – assim como o amor do pai, tão freqüentemente empurrado para a segunda divisão dos afetos familiares.

Para Badinter – hoje uma senhora de 62 anos, mãe de três filhos e avó – aquela criatura essencialmente abnegada, que se realiza apenas no exercício da maternidade e nasce com o manual de primeiros socorros do filho atado ao próprio DNA, nada mais seria do que uma criação cultural relativamente recente – um papo mole inventado para emprestar certo glamour a atividades importantes, mas nem sempre divertidas, como trocar fraldas e passar noites em claro.

Analisando a relação entre mães e filhos em séculos passados, ela mostra que a "vocação natural" para a maternidade não é tão natural assim. Segundo Badinter, sobram na história exemplos de culturas em que os cuidados infantis são terceirizados – ou porque determinada classe não considerava "chique" andar com os filhos pendurados ou simplesmente porque a mulher trabalhava tanto que não sobrava tempo nem para contar quantas crianças havia em casa.

Essa pequena esculhambação com o conceito de "instinto materno" obviamente não foi muito bem recebida na época, mas mesmo hoje o assunto é delicado. Não é fácil desfazer essa idéia ancestral de que a maternidade é sagrada, quase sobre-humana. Quem é mãe sabe: a gente melhora em várias coisas depois que tem filhos, mas também não dá pra exagerar. Mães cometem erros, e são egoístas, e atrapalhadas, como todo mundo – e admitir isso, se não nos torna menos mães, pode aliviar um pouco o peso enorme que é viver tentando emparelhar-se com um ideal que não existe. Como filhos, também não é nada mau fazer o exercício de ver a própria mãe como alguém com direito a sua cota inalienável de imperfeição e egoísmo.

Um livro recém-lançado e um filme ainda em cartaz trazem duas belas e pungentes visões da maternidade e suas imperfeições. O filme é *Volver*, de Pedro Almodóvar, que mostra como mães podem ser cruéis e sublimes – como, de resto, todo o gênero humano. O livro é *Por que sou gorda, mamãe?*, da escritora gaúcha Cíntia Moscovich, que, apesar do título, tem menos a ver com o peso em gramas – que se ganha e perde – do que com o peso tremendo dos afetos mal resolvidos com a mulher que embalou nossa infância.

18/11/2006

Centro *Histórico*

As pessoas, como as cidades, desenham seus mapas a partir de um determinado Centro Histórico – um país que ficou para trás, uma cidade, uma praça onde a gente ralou os joelhos. Não importam a distância, o tempo e nem mesmo a constatação de que parte do nosso Centro Histórico evaporou-se do mundo concreto para virar bingo ou templo religioso: o espaço da infância e da adolescência é patrimônio tombado na nossa memória.

Sobrevive a guerras, migrações, desastres naturais, ou arquitetônicos, quase como se um pedaço de nós nunca tivesse saído de lá – e às vezes nunca sai mesmo. Não que o Centro Histórico confunda-se sempre com uma espécie de paraíso perdido – às vezes, é um lugar de onde se fugiu e para onde não se quer voltar nem em cartão-postal. Mas é ali, no nosso primeiro ponto de referência geográfico, que as fugas e os eventuais retornos começam a ser tramados antes mesmo que a gente se dê conta. Se sabemos que Fellini nasceu em Rimini, que Itabira é um retrato na parede de Drummond ("mas como dói") e que Caetano Veloso começou a escutar música em uma certa rádio de Santo Amaro é porque o Centro Histórico, às vezes, não é só um lugar no mapa, mas uma maneira de entender, ou não entender, o resto do mundo.

Dois livros recentes têm o meu Centro Histórico como cenário. Porto Alegre é o pano de fundo das novelas *Mãos de cavalo*, de Daniel Galera, e *Segundo tempo*, de Michel Laub. Claro que parte do gosto de acompanhar essas duas histórias vem do itinerário familiar que seus personagens percorrem. Quando, a certa altura de *Mãos de cavalo*, o carro do personagem entra na Carlos Trein Filho, quase fui para a janela para ver se ainda o apanhava lá, e *Segundo tempo* concentra parte de sua ação exatamente no único jogo de futebol a que eu assisti, ao vivo, do início ao fim: o Gre-Nal do Século, de 1989.

Mas não é apenas a coincidência geográfica que faz com que eu reconheça meu Centro Histórico nestes dois belos romances de formação. A afinidade mais profunda talvez venha de um jeito meio torto de ver a cidade – entre o afeto profundo e um certo desconforto. O Centro Histórico talvez seja uma paisagem tão particular que só parcialmente podemos compartilhar com os outros. Mas, às vezes, a gente chega bem perto.

28/10/2006

Leitores (e **eleitores**)

"Por que se lêem os romances? Falta alguma coisa na vida da pessoa que lê, e é isso que ela procura no livro. O sentido, evidentemente, é o sentido de sua vida, dessa vida que para todo mundo é torta, mal vivida (...), mas acerca da qual, ao mesmo tempo, aquele que a vive sabe muito bem que poderia ser outra coisa." A frase, de Sartre, é citada em *O último leitor*, fascinante livro do escritor e ensaísta argentino Ricardo Piglia, lançado há pouco no Brasil, que investiga não só por que se lê, como se pergunta Sartre, mas também quem é, afinal, "o leitor" – esse sujeito que, em variados graus de dependência, não consegue viver sem livros.

Para descobrir quem é o leitor e o que ele busca, Piglia se vale de personagens reais e imaginários – vai da literatura policial a diários pessoais, do universo claustrofóbico de Kafka às bibliotecas de Borges. Guiados pelo autor, chegamos até os confins da Bolívia, onde uma fotografia apanha Che Guevara, um dos símbolos mais bem-acabados do homem de ação, recolhido sob uma árvore para uma pausa de leitura em meio à guerrilha e à perseguição. Acompanhamos também Anna Karenina, personagem de Tolstoi, na rotina tão familiar e universal de acomodar-se para ler um bom romance – recostar-se, agasalhar-se, procurar a iluminação ideal. "Sou aficionado a ler até pedaços de papéis pelas ruas", acrescenta Cervantes pela boca de D. Quixote. Você que já abriu mão de uma tarde de sol na praia ou de um convite para um passeio irrecusável porque não conseguiu se desgrudar de um livro sabe que não é sem certa culpa que trocamos a vida, digamos, prática pela leitura. A rua chama – e o sofá, a TV, o computador, os amigos, a primavera, a eleição.

O último leitor não é exatamente um manifesto a favor das peles pálidas e contra as alegrias da diversão ao ar livre e dos relacionamentos interpessoais, mas trata de explicar um pouco por que o recolhimento da leitura é tão necessário – não só para o letrado, mas para todos nós que procuramos nos livros uma pista para entender melhor como as coisas funcionam. "O sujeito que lê (...) é alguém que enfrenta o mundo numa relação que em princípio é mediada por um tipo específico de saber. A leitura funciona como um modelo geral de construção de sentido", explica Piglia.

"Construção de sentido" nada mais é do que o processo de fazer escolhas e colocar-se diante dos fatos de forma inteligente – atuante e não passiva, informada e não arrastada pelo senso comum ou pela fala sem substância.

Amanhã, dia da eleição, é uma espécie de prova final de um tipo muito específico de "construção de sentido", o que envolve a nossa leitura do cenário político atual. Infelizmente, nenhum livro já escrito abarca a complexidade de cada decisão política que tomamos. Errar talvez seja inevitável. Mas quem se informa erra menos. A política é torta, mas a gente sabe bem que poderia ser outra coisa.

30/9/2006

Perfectibilidade

Muitos filósofos dos séculos 17 e 18 gastaram tutano tentando definir o que, afinal, diferenciaria o homem dos seus colegas mais próximos, os animais. O esforço de explicar o que nos distingue da lula colossal ou do cusco da esquina pode soar, a nossa sensibilidade contemporânea, uma certa perda de tempo.

Naquele momento, no entanto, quando o ser humano, e não mais o cosmos ou a divindade, começava a ser colocado no centro do universo, parecia razoável apresentar uma boa justificativa para a primazia da nossa espécie em relação a todo o resto – caso alguém viesse perguntar.

As teorias mais comuns na época destacavam a falta de inteligência e de sentimentos dos animais e sua evidente inabilidade para se comunicar em bom francês. Alguns chegavam a dizer que os animais não falavam pela simples razão de que não tinham nada inteligente para dizer no momento – o que qualquer um que assiste ao *Big Brother* sabe que não serve como critério. Não demorou muito para que aparecesse alguém argumentando que os bichos têm lá a sua inteligência e seu jeito bovino de demonstrar afeto e que muitas espécies apresentam até mesmo formas rudimentares de comunicação. Enfim, a coisa não era tão simples como parecia.

Foi Rousseau (1712–1778), no *Discurso sobre a origem das desigualdades entre os homens*, quem matou a charada. E com um argumento tão genial e poderoso que acabou influenciando não só a Revolução Francesa, mas vários pensadores através dos séculos – sendo até hoje um bom ponto de partida para quem quer explicar por que idéias de racismo, sexismo ou outros ismos são tão essencialmente míopes. Rousseau vai dizer que o que distingue o homem de todas as outras espécies é a liberdade para se aperfeiçoar, a capacidade de escapar da programação básica do DNA – e do meio – para chegar a circunstâncias que ninguém, nem mesmo o próprio sujeito, seria capaz de prever. Em outras palavras, o homem é a única criatura capaz de perseguir a perfeição, ou algo parecido, ao longo de toda a vida. Enquanto o gato será sempre gato – e já era gato há dois mil anos e será gato daqui a mil anos, se o aquecimento global não torrar seus bigodes antes –, o homem está se reinventando o tempo todo, cometendo "excessos", para o bem e para o mal, em relação a tudo o que a natureza o programou para fazer.

Fiquei especialmente tocada por esse conceito da "perfectibilidade" humana, lendo sobre o assunto no maravilhoso livro *Aprender a viver*, uma bela e abrangente história do pensamento escrita, em linguagem saborosa e acessível, pelo filósofo francês Luc Ferry. Porque isso, enfim, é o que todo mundo gostaria de argumentar diante de todos os julgamentos "a menor" que a gente recebe ao longo da vida: "Tudo bem, sou assim, meio mais ou menos, mas eu posso ser melhor, não posso?".

É mesmo muito sedutor usar a idéia de perfectibilidade a nosso favor. Mas quando aparece uma história como a do Mauro Ribeiro Cardoso, publicada aqui no jornal esta semana, nos bate o cutuco inverso: como é fácil chegar à conclusão – mesmo não elaborada com todas as letras desta forma – de que os outros nunca serão melhores do que aquilo que parecem destinados a ser.

Mauro, 25 anos, é catador de papel, órfão de mãe, pai carroceiro, sem moradia estável. Mas Mauro também é estudante de Educação Física na Ulbra e bolsista do ProUni. Faz sentido? Nenhum, se a gente acreditar que o destino humano é tão programado quanto o destino de um gato.

Agora eu era   **(169)**

Pode não ser a regra, pode ser mesmo a exceção da exceção, mas a história do Mauro nos lembra o quão surpreendente pode ser a nossa espécie.

24/2/2007

Fera *ferida*

Faço parte do discreto movimento de insurgência contra as três grandes realezas nacionais: Pelé, Xuxa e Roberto Carlos. Somos poucos, mas convictos. Até onde eu sei, inofensivos – e não exigimos nada além do direito de expressar nosso profundo mal-estar contra os cargos vitalícios em geral. Eleições já. Nunca vi Pelé jogar – e mesmo que tivesse visto não seria capaz de explicar o que faz dele um jogador muito melhor do que, sei lá, qualquer outro craque de grandeza semelhante. Dizem que ele foi o cara, e eu acredito. Minha bronca com "o Pelé", como o próprio diria, tem a ver menos com o mérito para a honraria do que com a pessoa pública que ele encarnou, tão embriagada com a própria majestade que simplesmente não me parece uma pessoa de verdade – o que, aliás, é um vício próprio das monarquias.

Agora eu era

Xuxa comanda um peculiar reino em miniatura. Mas mesmo no reduzido universo dos baixinhos vem perdendo o ilariê nos últimos tempos. Seu público hoje é formado basicamente por crianças bem pequenas, segmento no qual tem investido todas as fichas, a começar por uma bem-sucedida série de DVDs e CDs lançada em 2000. Xuxa ainda é popular, sim, mas popular como hambúrguer, batata frita de pacote e bolachinha recheada. A gente sabe que algumas crianças gostam, mas esse é um interesse que se acompanha de perto, para que os pequenos não se empanturrem além da conta. A verdade é que Xuxa nunca conseguiu dar o salto de maturidade definitivo rumo ao entretenimento infantil inteligente, o que é uma pena, porque em determinado período ela esteve com a colher e o danoninho na mão.

Roberto sempre foi o rei que mais me incomodou, pelo que me parecia uma injustiça histórica e estética incompreensível. Sem pensar 30 segundos, dá para lembrar de pelo menos cinco músicos brasileiros que mereceriam muito mais o posto de rei do que Roberto Carlos, é ou não é? Bom, pelo menos era assim que eu pensava até vê-lo ao vivo, em 1998, em um show no Gigantinho. Confesso: fui tocada pela majestade. E não me perguntem por quê. O repertório e o cabelo são os mesmos, mas alguma coisa mudou depois que eu vi Roberto e seu público, juntos, em ação. Sim, sim, foi o que ele chamaria de "momento lindo". Acontece.

Infelizmente, toda a minha renovada boa vontade com – vá lá – "o Rei" foi por água abaixo esta semana quando a Justiça proibiu a venda e a distribuição da biografia *Roberto Carlos em detalhes*. O juiz alega que, apesar de a Constituição garantir a liberdade de expressão, é preciso ter autorização da pessoa sobre quem se divulgam fatos íntimos, especialmente se essa divulgação tem fins comerciais. Resultado: censura.

Não li, mas até onde eu sei, trata-se de uma biografia respeitosa, resultado de 15 anos de pesquisas de um fã, Paulo Cesar de Araújo, que cobre o ídolo de elogios a maior parte do livro. Mas elogios talvez não sejam suficientes para os reis. Muitos deles acabam esquecendo que são gente de carne e osso e criam a expectativa de que a lenda, depois de incansavelmente repetida, acabe ocupando o lugar dos fatos – tão teimosamente imperfeitos para todos nós, nobres ou plebeus.

3/3/2007

Temporão

Temporão é o filho que nasce aos 45 do segundo tempo, quando os irmãos já andam crescidos, e a mãe está prestes a pendurar as chuteiras reprodutivas – o popular "rapa de tacho". Temporão também pode ser o fruto ou cereal que amadurece mais cedo do que deveria.

Trata-se, portanto, de uma curiosa situação em que uma mesma palavra pode assumir dois significados opostos. Quem esclarece o enigma é o professor Cláudio Moreno, no site Sua Língua (www.sualingua.com.br): "Assim como a falta de maisena, na despensa, leva a cozinheira a experimentar um pouco de farinha de trigo na receita, assim a falta de um vocábulo para expressar determinada nuança da realidade pode nos levar a usar um que já existe, mais ou menos parecido. (...) Poderia, talvez, ter surgido aqui um novo vocábulo, cognato de tempo, mas o tradicional temporão já estava ali, disponível, dando sopa – e eis-nos hoje a usar esse vocábulo tanto para o cedo, como para o tarde." O professor alerta ainda que, dependendo da frase, o leitor/ouvinte pode ficar confuso em relação ao sentido em que a palavra está sendo usada – um verdadeiro perigo em um país de tantas meias palavras e outros tantos meios entendedores.

O ministro da Saúde, José Gomes Temporão, carrega no próprio sobrenome de origem portuguesa, portanto, o dilema que acompanha todas as discussões sobre o aborto no Brasil: seria cedo ou tarde demais para recolocar o tema em pauta? Do ponto de vista das pesquisas de opinião, não há dúvidas de que o eleitor médio brasileiro não parece muito interessado em um plebiscito – proposta lançada pelo ministro no final do mês passado. Pesquisa publicada na *Folha* no último fim de semana mostra que 65% dos brasileiros não querem que seja modificada a legislação sobre o aborto – que atualmente permite a interrupção da gravidez apenas em caso de estupro e de risco de morte para a mãe. O índice é o maior desde 1993.

Apenas 16% admitem que o aborto seja permitido em outros casos, enquanto minguados 10% propõem que a interrupção da gravidez deixe de ser crime em qualquer circunstância. (Curiosamente, outra pesquisa publicada pelo jornal no mesmo dia aponta que 55% dos brasileiros são a favor da pena de morte.)

Infelizmente, do ponto de vista dos números do Ministério da Saúde, a discussão talvez esteja chegando tarde demais para milhares de mulheres – exatamente aquelas que não têm condições para procurar uma clínica sofisticada quando precisam interromper a gravidez. Cerca de 250 mil mulheres são internadas a cada ano por complicações decorrentes de abortos espontâneos ou voluntários – pelo menos 50 mil delas adolescentes. A partir desses números, projeta-se que cerca de um milhão de abortos sejam realizados no país a cada ano.

Em uma época de informações e debates "globalizados", também estamos atrasados em relação ao assunto. A legislação do Brasil assemelha-se à da maior parte dos países da África, enquanto países desenvolvidos (inclusive os profundamente religiosos, como Estados Unidos, Itália e, mais recentemente, Portugal) têm legislações mais flexíveis e conectadas com a realidade.

Temporão significa "extemporâneo", "fora de hora", mas o caso aqui é o oposto. Com plebiscito ou sem, está mais do que na hora de romper o silêncio – cínico e cruel – que cerca a questão do aborto no Brasil.

14/4/2007

Autoridades Polonesas

Uma insólita polêmica ressurgiu esta semana – requentada e com quase dez anos de atraso – a pedido de "autoridades polonesas". Vale a pena lembrar o histórico de uma das mais bizarras controvérsias envolvendo bichinhos de pelúcia de que se tem notícia. Em 1999, Tinky Winky, um dos quatro Teletubbies – série de televisão idealizada para crianças que ainda não tiraram as fraldas – foi considerado uma potencial ameaça à família e aos bons costumes pelo pastor de uma obscura igreja do grotão profundo dos Estados Unidos. Os sinais de que Tinky Winky era um ícone gay maldisfarçado eram evidentes, denunciava o pastor em um texto intitulado Alerta aos Pais: "Ele é roxo, cor do orgulho gay, e sua antena tem a forma de um triângulo, outro símbolo de orgulho gay." O reverendo Jerry Falwell esqueceu de mencionar que Tinky Winky tem o hábito de carregar uma bolsa vermelha, gosta de comer "creminho gostoso" e rola na grama com os amigos quando está feliz. Suspeito, muito suspeito.

Indiferentes ao fato de que as declarações do pastor foram consideradas ridículas na época, as ubíquas "autoridades polonesas" pediram esta semana que psicólogos avaliassem se um programa de TV pode estimular comportamentos associados à homossexualidade. A idéia é proibir a exibição dos Teletubbies na televisão pública polonesa se for provado que Tinky Winky é, sim, do babado. O governo polonês, não por acaso, já foi alvo de críticas da União Européia devido à sua posição ultraconservadora com relação aos direitos dos homossexuais. Há dois meses, o Ministério da Educação da Polônia anunciou planos para demitir professores que promovam a "cultura homossexual" em sala de aula. Professores devem andar pensando duas vezes antes de indicar autores como Virginia Woolf, Oscar Wilde e Truman Capote. Ninguém, em sã consciência, quer acordar de manhã e descobrir que está sendo perseguido por "autoridades polonesas".

Enquanto isso, não muitos quilômetros a oeste, o governo britânico está implantando em 15 escolas primárias, em caráter ainda experimental, um ousado programa de combate à homofobia. A idéia é oferecer para alunos de 4 a 11 anos contos de fadas que mostram personagens gays – como um príncipe que diz não a todas as pretendentes e depois se apaixona por outro príncipe ("King & King") ou um casal de pingüins machos que cria um filhotinho abandonado (*And Tango Makes Three*). A iniciativa faz parte do projeto No Outsiders (sem excluídos) e inclui várias ações junto a funcionários e colaboradores de repartições públicas do Reino Unido com o objetivo de coibir práticas discriminatórias de todos os tipos – seja de gênero, etnia, religião ou classe social.

Parece moderninho demais? Politicamente correto demais? Pode ser, mas a história dos costumes se faz assim mesmo, com microrrevoluções que se espalham em ondas, e de forma desigual, por todo o planeta. Em um extremo, "as autoridades polonesas". Do outro, uma sociedade testando seus limites de tolerância e ousadia. Não sei vocês, mas nesta briga sou inglesa desde pequenininha.

2/6/2007

Houve *uma vez* **um** verão

Esteve em cartaz no Rio até a semana passada uma exposição de fotografias muito curiosa.

As fotos foram encontradas por um professor americano em uma feira de antigüidades – espalhadas de qualquer jeito no chão e sem nenhuma pista sobre o autor. São retratos de moços e moças sorridentes, tomando sol e jogando conversa fora na Ipanema ainda pouco povoada de 1962 e 1963 – antes do golpe, antes da pílula e antes da invenção do "jovem" como ele passou a existir desde que o primeiro "é proibido proibir" foi riscado sobre uma parede em Paris.

Impressionado com a qualidade e a beleza das imagens, o pesquisador arrematou o lote por R$ 20 e começou um lento trabalho de investigação para descobrir a identidade do fotógrafo anônimo que registrou o verão do "antes" com tanta graça e delicadeza.

Juntando as pistas, chegou ao nome de Orizon Carneiro Muniz, fotógrafo amador falecido em 2001, aos 74 anos. A mostra tornou-se um tributo póstumo ao rapaz de olhar atento e sensível que usava a câmera como hobby e estratégia de flerte – e que, sem querer, acabou flagrando os últimos verões de uma época.

"Este ainda era o tempo – que terminaria naquela década célebre – em que ser jovem era um estorvo social, um sinal de irrelevância, uma condição ligeiramente embaraçosa para a qual o casamento era o começo da cura." A frase é do livro *Na praia*, novela do escritor inglês Ian McEwan lançada há pouco no Brasil e que retrata a mesma geração, no mesmo momento imediatamente anterior à mudança de costumes que daria origem ao mundo que seus filhos e netos herdariam. Os personagens, Florence e Edward, chegam "jovens, educados e virgens" à lua-de-mel no verão de 1961.

A inexperiência, a falta de informação sobre sexo e a dificuldade de comunicação transformam a primeira noite do casal em uma sucessão de desencontros e mal-entendidos.

Tivessem nascido dez anos depois, e a história talvez tivesse sido totalmente outra. Mas não será sempre assim? As fotos, muito parecidas com aquelas que nossos pais tiravam em Cidreira ou Capão da Canoa na mesma época, e o livro, escrito por um dos melhores autores contemporâneos, convidam a um rápido ziguezague no tempo. O olhar de quem não sabia que as coisas mudariam tanto e em tão pouco tempo nos leva a esse passado recente, tão perto e tão distante, que é a juventude dos nossos pais. Temos pena ou inveja do que puderam viver e do que perderam? É uma pergunta difícil, mas jogar a pergunta para frente talvez seja ainda mais perturbador. Vão sentir pena ou inveja de nós os moços que encontrarem nossas fotos digitais atiradas sobre o chão do futuro?

4/8/2007

O **acaso** e o *sonho*

Os sonhos e os acasos associam pessoas e situações que aparentemente não têm relação nenhuma. Freud conseguiu desvendar os mecanismos usados pelo inconsciente para criar os enredos surreais que adoçam (ou atormentam) o nosso sono. Segundo a psicanálise, deslocamento e condensação rearranjam pensamentos e sensações de tal forma que a gente mal os reconhece nas tramas malucas que produzimos quando estamos dormindo. Entre outras coisas, a teoria de Freud serviu para desmascarar a picaretagem por trás de interpretações prontas ou a fantasia de que os sonhos podiam ser premonitórios. Cada sonho, como cada sonhador, é único e irrepetível. E nossos sonhos são do tamanho da gente – nem maiores nem mais sábios.

A tentação de buscar sentidos ocultos no acaso também produziu grandes mistificações. Da posição das estrelas quando nas-

Agora eu era   **(183)**

cemos à forma como a borra de café se acomoda na xícara, inumeráveis circunstâncias aleatórias já serviram de pretexto para leitura da sorte ou previsão de destinos. E não espanta que sejamos tão suscetíveis assim às explicações mágicas.

Somos criaturas em busca de sentido vivendo em um mundo regido por eventos nem sempre muito sensatos. E seria realmente muito mais fácil se pelo menos a borra de café nos ajudasse a entender alguma coisa. Mas mesmo sem poderes fantásticos ou divinatórios, os acasos e os sonhos podem trazer à tona pensamentos ou sensações novos – ou que já estavam ali, apenas à espera de uma chance para virem à tona de forma mais explícita.

Aconteceram comigo esta semana, o acaso e o sonho que se relaciona com ele.

O acaso: chego em casa no começo da noite e encontro na portaria um vizinho e o filho dele. O rapaz tinha sido assaltado minutos antes ali em frente e ainda estava com aquela cara de quem não sabe se teve muita sorte por ter escapado ileso ou muito azar por ter cruzado o caminho do assaltante. O pai estava ainda mais assustado – se existe alguma coisa pior do que sofrer uma violência, é saber que seu filho foi vítima de uma. Trocamos os lamentos protocolares, e eu entrei em casa.

Meu programa para aquela noite – outro acaso – era assistir ao DVD de *O diário de Anne Frank*, a oscarizada versão do livro lançada em 1959. O filme mostra a rotina de medo e angústia de uma família que se esconde da violência que tomou conta do país. Eles sabem que o que os separa de um destino trágico é um lance de sorte – o acaso pode determinar se sobreviverão ou não.

O sonho: naquela noite, sonhei que morava em um esconderijo como o de Anne Frank. Do lado de fora, a ameaça não eram os nazistas, mas a violência urbana – essa entidade sem rosto e sem quartel-general que persegue inocentes e cria guetos fragilmente protegidos.

O acaso e o sonho que o recriou tornaram ainda mais evidente a avassaladora sensação de insegurança que tomou conta de Porto Alegre nos últimos meses. Somos prisioneiros e estamos perdendo a guerra. E já não estamos apenas com medo: estamos completamente acuados.

8/9/2007

Meninas

Se estivermos atentos e interessados, o tempo e a convivência amorosa se encarregam de nos ensinar uma ou duas coisas a respeito do sexo oposto. É um aprendizado longo e inesgotável, como tudo que diz respeito à condição humana: a gente desconfia de muita coisa e simplesmente não parece capaz de entender outras tantas.

Com relação às idiossincrasias do nosso próprio sexo, somos em geral analistas muito comprometidos e falhos, com sérias tendências a tomar como verdade o que, às vezes, é apenas uma perspectiva. (Se eu quisesse provocar, diria que esse é um raciocínio tipicamente feminino, já que homens, tomados a granel, não costumam levar em conta que os fatos podem ser ordenados e compreendidos de outras formas – e às vezes encaram a diferença como ofensa pessoal, o que, no limite do troglodismo, dá origem à misoginia e à homofobia. Enquanto as mulheres, numa generalização igualmente grosseira, parecem estar sempre desconfiadas ao extremo da própria opinião – o que, também no limite, pode levar à apatia ou à eterna dependência.)

Para entender o próprio sexo com algum distanciamento crítico, nada melhor do que observar um espécime em formação desde antes do nascimento. E de muito perto. Esse, pra mim, foi um dos bônus mais surpreendentes da maternidade: criar uma menina ensina mais sobre as mulheres do que todas as conversas com as amigas, todas as disputas com as irmãs, todos os conflitos com a mãe, tudo o que nos ajuda a construir mentalmente um ideal feminino, e humano, do qual gostaríamos de nos aproximar.

Acompanhar como uma menina constrói seus laços sociais, o que a alegra e o que a faz sofrer, como aprende a conseguir o que quer e a evitar o que é incômodo é a maior lição prática sobre tudo o que pode ser sublime ou tolo no sexo feminino.

Mesmo sabendo que somos as responsáveis por boa parte das mensagens complexas e contraditórias que elas recebem enquanto crescem – devem ser fortes e sensíveis, inteligentes e vaidosas, doces e determinadas, tudo isso em medidas diferentes conforme a exigência da ocasião –, é sempre imprevisível a forma como nossas filhas vão absorver o caldo cultural e histórico em que são criadas. Às vezes, elas parecem pensar, sentir, brincar de um jeito que já é claramente diferente do das meninas de 30 anos atrás.

Em seguida, estão sentadas no quarto brincando com o mesmíssimo "jogo da verdade", fazendo as mesmíssimas mesmas perguntas – como se os anos não tivessem passado, e as mulheres não tivessem mudado tanto assim (sempre querendo transformar as verdades afetivas em palavras e em repertório comum a ser exaustivamente analisado).

A mulher do futuro, um pouco parecida com a gente, outro tanto bem diferente, cresce bem diante dos nossos olhos e nos ensina, entre outras coisas, a analisar nossas mães e avós de forma mais generosa. Porque por mais única e irrepetível que cada uma de nós goste de se imaginar, somos também o resultado possível de uma determinada época – e uma das funções da geração seguinte é exatamente nos cobrar, mais cedo ou mais tarde, por tudo aquilo que não conseguimos ser.

6/10/2007

ESTE LIVRO FOI COMPOSTO
NA TIPOLOGIA MINION, EM CORPO 11,
E IMPRESSO EM PAPEL OFF-WHITE $80g/m^2$
NO SISTEMA CAMERON DA DIVISÃO GRÁFICA
DA DISTRIBUIDORA RECORD.

Seja um Leitor Preferencial Record
e receba informações sobre nossos lançamentos.
Escreva para
RP Record
Caixa Postal 23.052
Rio de Janeiro, RJ – CEP 20922-970
dando seu nome e endereço
e tenha acesso a nossas ofertas especiais.

Válido somente no Brasil.

Ou visite a nossa *home page*:
http://www.record.com.br